Das große Häkelmuster 1x1

Sabine Ruf

Die schönsten CHEVRON MUSTER

Band 2

CV

Inhalt

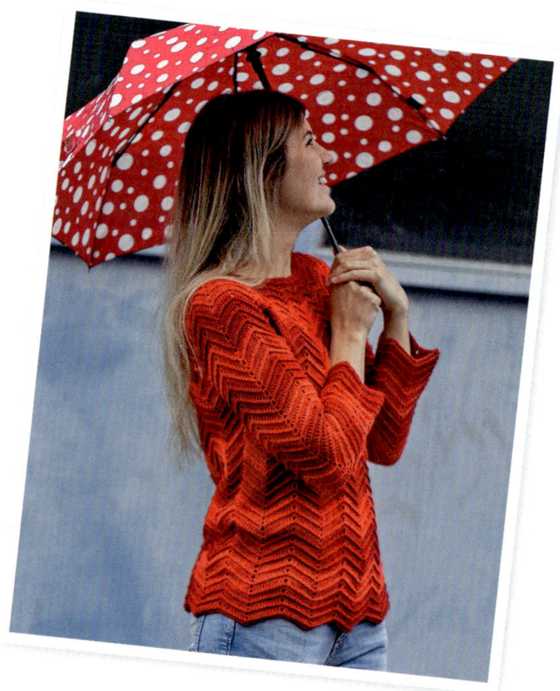

Modelle

Vorwort

Chevronmuster!

Das Wort Chevron kommt aus dem Englischen und heißt übersetzt Winkel oder Ecke. Im textilen Umfeld angewandt sind damit einfach Zackenmuster gemeint. In diesem Buch werden gehäkelte Zackenmuster gezeigt: spitze und flache Zacken, buntgezackte Zacken, unifarbene Zacken, Zacken mit Lochmustern oder mit Noppen, dichtgehäkelte Zacken mit Reliefstäbchen, Zacken im Materialmix, Zacken rund gehäkelt oder flach und Zackenmuster mit Zackenrand oder mit geradem Abschluss.

Alle Muster werden im Musterteil des Buches sowohl in Worten als auch mit einer Häkelschrift ausführlich erklärt. Und damit es nicht nur bei den Mustern bleibt, habe ich zu 12 Mustern Modelle entworfen, von klein bis groß und von einfach bis schwierig. Das sind Sachen zum Anziehen wie Pullover, Shirt, Jacke, Poncho und Rock. Das sind aber auch Accessoires und kleine oder große Geschenke wie Mütze, Stola, eine Kuscheldecke und ein Kissen, Topflappen, ein Körbchen-Set und eine stylische Tasche im Granny-Zackenmuster.

Beim Arbeiten an diesem Buch war ich immer mehr davon fasziniert, wie viele Möglichkeiten Chevron Muster bieten und welche superschönen Effekte man doch mit wenigen Mitteln erreichen kann. Probieren Sie es aus! Werden Sie kreativ! Spielen Sie mit Farben, Garnen und Mustern. Vielleicht designen Sie Ihr eigenes Modell, nur Mut!

Lassen Sie sich von diesem Buch inspirieren und fangen Sie gleich heute noch mit Ihrem ersten Wunschmodell an.

Ganz, ganz viel Freude mit diesem Buch wünscht Ihnen
Sabine Ruf

Über die Autorin

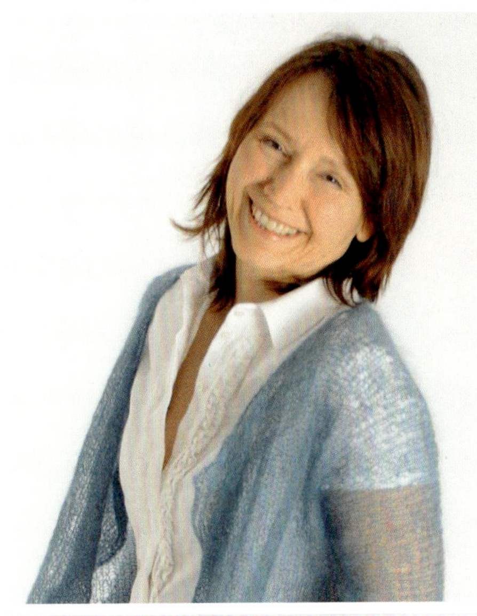

Sabine Ruf studierte Modedesign mit Schwerpunkt Strick an der Fachhochschule für Textil in Reutlingen, danach war sie in einer Handarbeitsredaktion tätig. Seit 1984 entstehen in ihrem eigenen Atelier Handstrick- und Häkelmodelle vom ersten Entwurf bis zum fertig gestrickten Produkt. Ihre Designs werden in namhaften Handarbeitsjournalen, in den Magazinen des Garngroßhandels und im Internet veröffentlicht. Sie veranstaltet Ausstellungen mit Knitart. Sabine Ruf lebt in Eningen am Fuße der Schwäbischen Alb.

www.trend-design.net, Instagram: sabineruf-handarbeit

Chevronmuster

Als Chevronmuster werden regelmäßige Zickzack-Muster bezeichnet, die zu den beliebtesten und ältesten bekannten Ziermustern gehören. Meist wechseln sich kurze Linien oder Farbstreifen in regelmäßigen Abständen ab.

Farbige Chevronmuster lassen sich auf verschiedene Arten häkeln. Häufig arbeitet man dazu abwechselnd eine oder mehrere Reihen in einer einzigen Farbe und erhält den Zickzack-Effekt dadurch, dass Zunahme- und Abnahmestellen im Häkelmuster an immer derselben Stelle übereinander gearbeitet werden. Damit ist auch bereits die Textur des Häkelmusters selbst zackenförmig. Zusätzlich lassen sich auch noch Musterelemente wie Noppen oder Ajourmuster in das Zackenmuster integrieren.

Chevronmuster lassen sich aber auch in Tapestry-Technik als mehrfarbige Muster häkeln, indem man jede Reihe mit mindestens 2 Farben arbeitet und dabei einen Zickzack-Verlauf der Farben einarbeitet.

Chevronmuster durch Zu- und Abnahmen

Werden in einem Muster Zu- und Abnahmen stets an derselben Stelle übereinander gearbeitet, bilden sich an den Zunahmestellen Zacken nach oben, an den Abnahmestellen Zacken nach unten aus. Je mehr Zu- und Abnahmen in einer Reihe und je weniger Zwischenreihen gearbeitet werden, desto dichter und steiler verlaufen die Zacken im Musterverlauf.

Zunahmen

Zunahmen lassen sich leicht arbeiten, indem zwischen 2 Maschen kleine Bögen aus einer oder mehreren Luftmaschen gehäkelt werden, in die in der darauffolgenden Reihe eine oder mehrere Maschen eingehäkelt werden und sich somit die Anzahl an Maschen erhöht.

Mehrere Maschen in dieselbe Masche arbeiten

Zunahmen lassen sich aber auch durch mehrere Maschen in dieselbe Einstichstelle erzielen, dazu also für alle Zunahmemaschen an immer dieselbe Stelle in die Masche der Vorreihe einstechen. Auf der Abbildung sind als Beispiel feste Maschen gezeichnet.

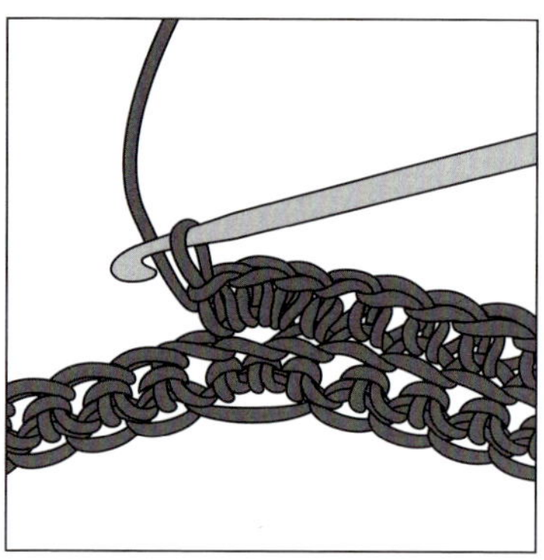

Abnahmen

Die einfachste Art der Maschenabnahme ist es, beim Häkeln Maschen der Vorreihe zu übergehen, ohne deren Zahl durch Luftmaschenbögen auszugleichen. Je mehr Maschen dabei übersprungen werden, desto stärker ist der Effekt.

Mehrere Maschen zusammen abmaschen

Es ist aber auch möglich, mehrere Maschen nacheinander jeweils nur bis zum letzten Abmaschen in mehrere Maschen der Vorreihe zu arbeiten. Das Abmaschen wird dann für alle Maschen gleichzeitig durchgeführt: Den Faden holen und durch alle Schlingen durchziehen. Im Bild werden als Beispiel Stäbchen zusammen abgemascht. Abb 1. Hier werden feste Maschen zusammen abgemascht. Abb 2.

Abb. 1

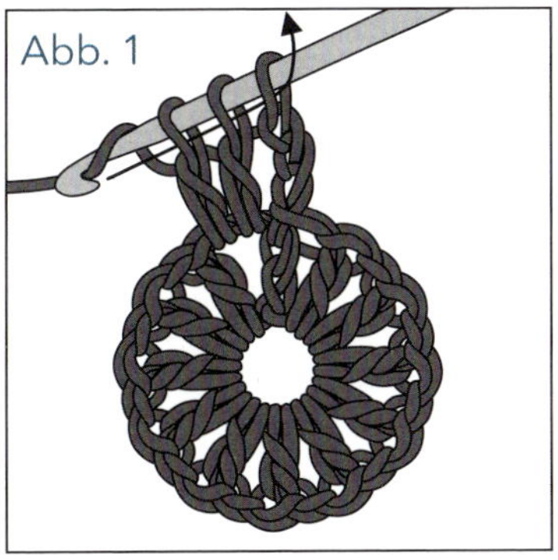

Abb. 2

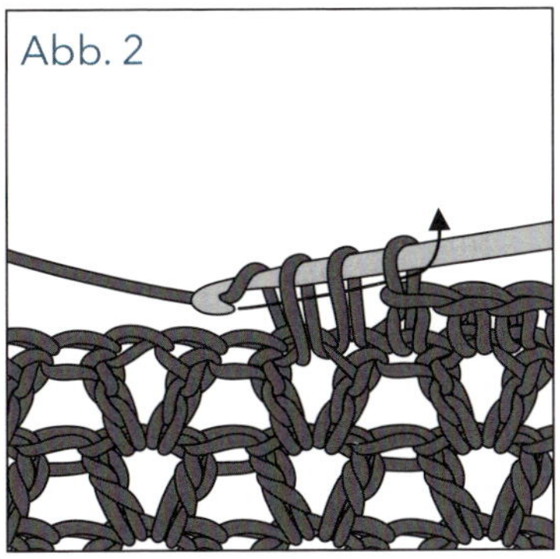

Chevronmuster als mehrfarbige Tapestry-Muster

Der Zackeneffekt bei mehrfarbigen Mustern ergibt sich nicht aus der Textur selbst, sondern aus dem Farbmuster. Wichtig ist hierbei besonders der Farbwechsel. Tapestry-Muster werden mit festen Maschen oder Stäbchen gehäkelt, da diese den umhäkelten, mitgeführten Faden der anderen Farbe am besten verbergen.

Beim Farbwechsel bereits die vorhergehende Masche in der neuen Farbe abmaschen. Dann in der neuen Farbe weiterarbeiten, dabei den nicht benötigten Faden der ersten Farbe auf die Maschen der Vorreihe legen und umhäkeln. Abb 1.

Die letzte Masche in der zweiten Farbe bereits in der ersten Farbe abmaschen. Nach dem Farbwechsel den jeweils nicht benutzten Faden mitführen und umhäkeln. Wird die Farbe in der Reihe nicht mehr benötigt, wird er nach vorn hängengelassen. Abb 2.

Die Reihe laut Zählmuster beenden, der Faden in der nicht mehr benötigten Farbe hängt nach vorn in der Arbeit und wird nicht mehr mitgeführt. In der Rückreihe genauso arbeiten, beim Farbwechsel den hängengelassenen Faden wieder aufnehmen und bereits die vorangehende Masche in der neuen Farbe abmaschen. Abb 3.

Abb. 1

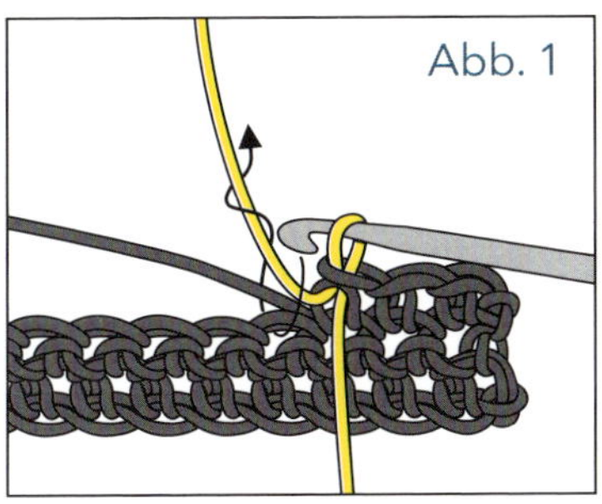

Abb. 2

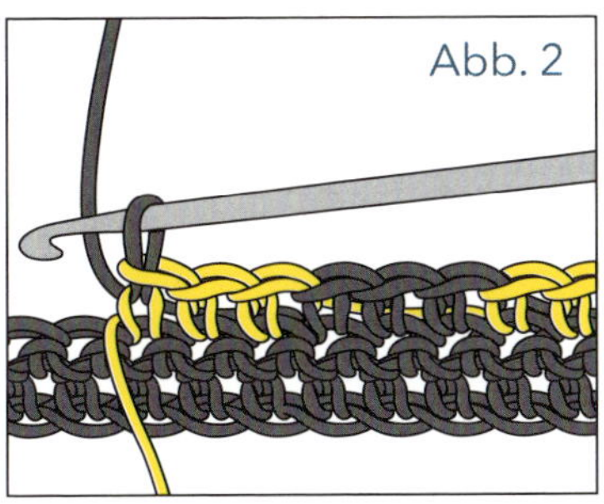

Abb. 3

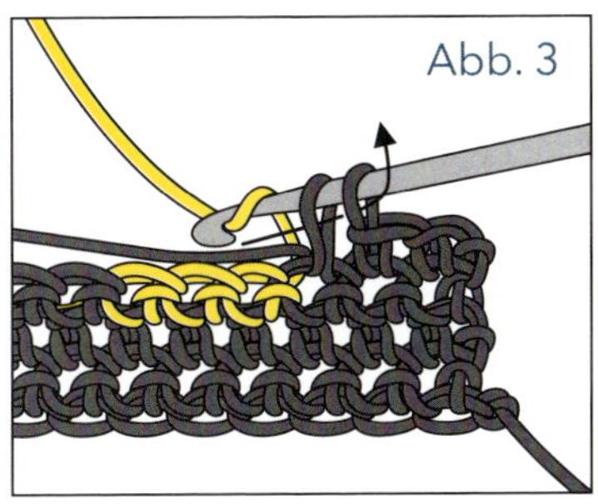

Besondere Techniken

Einige Häkeltechniken, die in den vorgestellten Mustern und Modellen zum Einsatz kommen.

Fadenring

Den Faden zur Schlinge legen, einstechen, Faden um die Nadel legen, diesen Umschlag durchziehen. Den Fadenring noch nicht festziehen. Den Arbeitsfaden um den linken Zeigefinger legen. Abb 1.

Den Kreuzpunkt des Fadenrings mit Daumen und Mittelfinger festhalten und die Maschen laut Anleitung um den Fadenring herum arbeiten (hier sind es feste Maschen). Die Runde mit einer Kettmasche in die erste Masche schließen und den Fadenring am Anfangsfaden zuziehen. Abb 2.

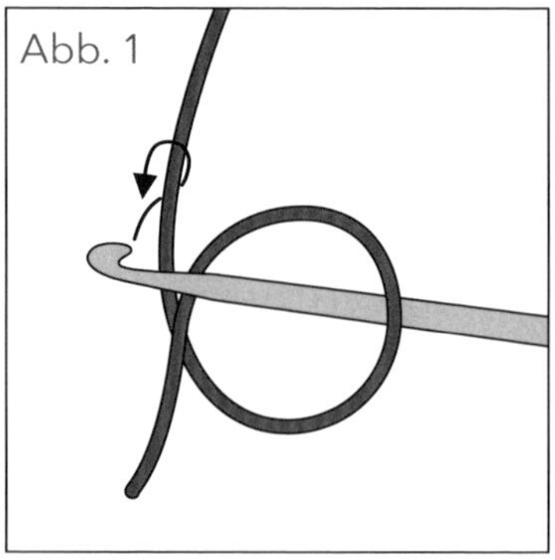

Abb. 1

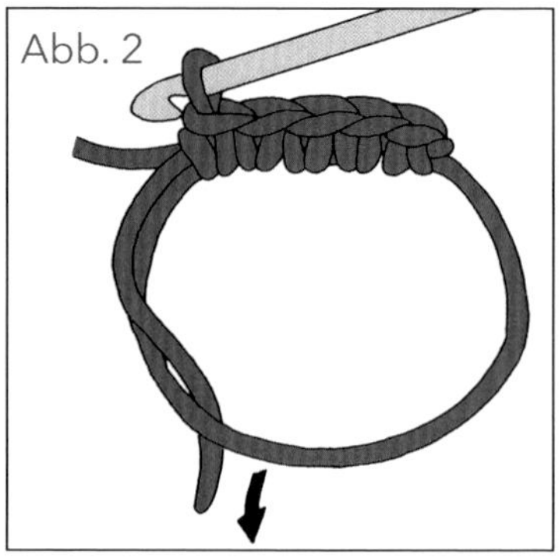

Abb. 2

Feste Maschen in geschlossenen Runden

Jede Runde mit 1 zusätzlichen Steige-Luftmasche beginnen und mit 1 Kettmasche in die 1. feste Masche schließen.

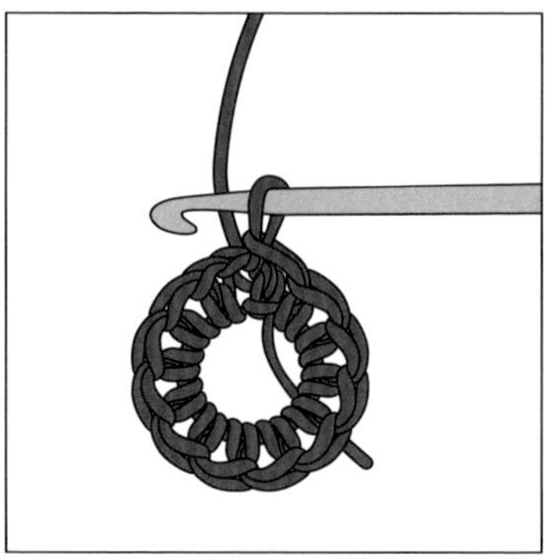

Geschlossene Runden können nicht nur in den Fadenring, sondern auch über eine geschlossene Luftmaschenkette gearbeitet werden. Anstatt in die Mitte des Fadenrings wird dann in jede Luftmasche eingestochen. Der Rundenschluss erfolgt auch hier durch 1 Kettmasche in die letzte Wende-Luftmasche.

Natürlich lassen sich auch alle anderen Maschen entsprechend in Runden häkeln. Die Anzahl an Wende-Luftmaschen zum Aufsteigen in die nächste Runde hängt wie beim Arbeiten in Hin- und Rückreihen von der Art der darauffolgenden Maschen ab.

Wendeluftmaschen

Am Ende einer Reihe oder Runde werden Wendeluftmaschen gehäkelt, um die Arbeit auf die Höhe der nächsten Maschenreihe zu bringen. Wie viele Luftmaschen benötigt werden, hängt von der Maschenart ab und wird jeweils in der Anleitung erwähnt. Bei höheren Maschenarten ersetzen die Wendeluftmaschen die erste Masche der Reihe/Runde, es wird also erst in die zweite Masche der Vorreihe oder -runde eingestochen und am Reihen-/Rundenende die letzte Masche in die oberste Wendeluftmasche gearbeitet:

Feste Maschen: 1 Wendeluftmasche, Einstechen in die 1. Masche der Vorreihe/-runde.
Halbe Stäbchen: 2 Wendeluftmaschen, Einstechen in die 1. oder 2. Masche der Vorreihe/-runde.
Stäbchen: 3 Wendeluftmaschen, Einstechen in die 2. Masche der Vorreihe/-runde.
Doppelstäbchen: 4 Wendeluftmaschen, Einstechen in die 2. Masche der Vorreihe/-runde.
Dreifachstäbchen: 5 Wendeluftmaschen, Einstechen in die 2. Masche der Vorreihe/-runde.

Gewendete Runden

Je nach Muster kann es ab und an nötig sein, in gewendeten Runden zu arbeiten. Das gelingt nur dann, wenn ein Muster zu beiden Seiten hin symmetrisch ist. Dazu arbeitet man auf die gleiche Weise wie bei den geschlossenen Runden, beginnt also jede neue Runde mit einer definierten Anzahl an Wende-Luftmaschen und schließt nach der letzten Masche mit einer Kettmasche in die oberste Wende-Luftmasche des Rundenbeginns, wendet dann aber die Arbeit und setzt die folgende Runde in entgegengesetzte Richtung fort und hat entsprechend einmal die Außenseite und einmal die Innenseite der Arbeit vor Augen. Damit gleicht sich der verschiebende Effekt des Rundenbeginns aus und alle Rundenübergänge liegen stets senkrecht übereinander.

Reliefstäbchen von vorn

Einen Umschlag bilden, von vorn um das Stäbchen der Vorreihe greifen. Den Faden holen und um das Stäbchen herum durchziehen. Noch 2x einen neuen Faden holen und durch je 2 Schlingen ziehen. (Auch andere Maschen können so gearbeitet werden.) Relief-feste Maschen werden nach gleichem Prinzip gearbeitet. Abb 1.

Reliefstäbchen von hinten

1 Umschlag bilden, von hinten nach vorn um das Stäbchen der Vorreihe einstechen und hinten wieder ausstechen. Den Faden durchholen und die Masche beenden. Abb 2.

Fransen einknüpfen

Fäden wie in der Anleitung angegeben zurechtschneiden. Mit der Häkelnadel an der gewünschten Stelle einstechen und das Fadenbündel in der Mitte fassen. Die Fäden vorsichtig durchziehen, sodass eine Schlinge entsteht. Mit der Häkelnadel von rechts nach links in die Schlinge einstechen, die Fäden fassen und durch die Schlinge ziehen. Den Knoten festziehen. Abb 3.

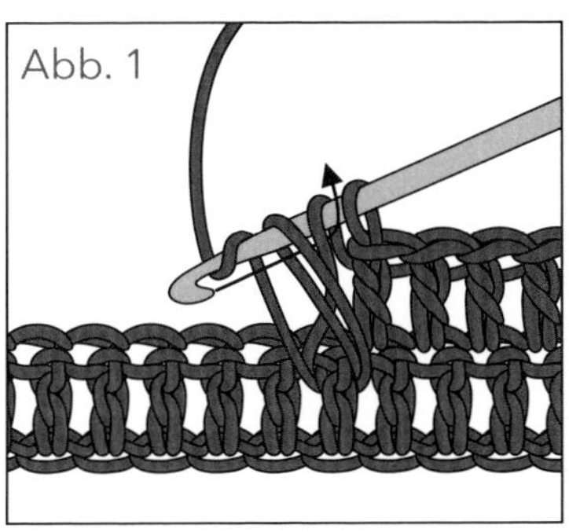

Abb. 1

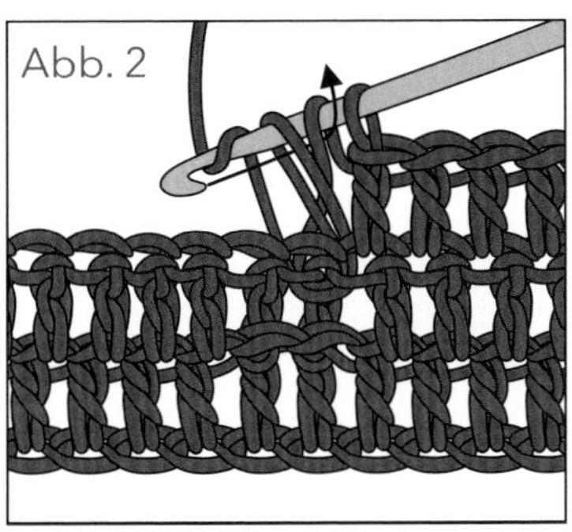

Abb. 2

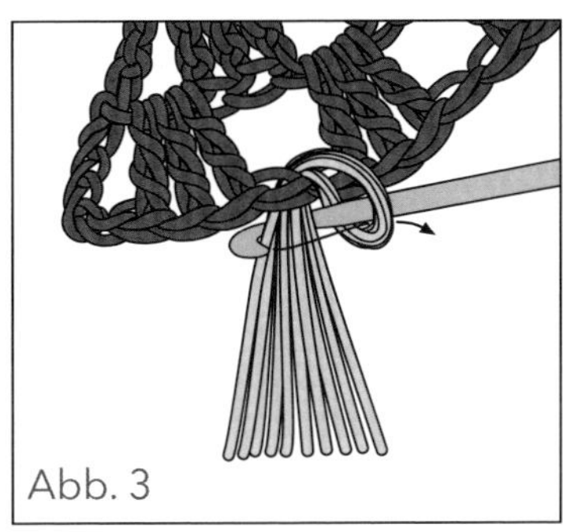

Abb. 3

Muster- und Modellanleitungen

Für jede Häkelanleitung gilt: Bitte alles erst einmal durchlesen! Damit gewinnt man einen Überblick über das Projekt und wird nicht mittendrin unerwartet überrascht. Im Musterteil werden alle Chevronmuster sowohl durch Häkelschrift als auch durch ausgeschriebene Textanleitung beschrieben. Beide Darstellungen können sich bei Unklarheiten gut ergänzen. Bei jedem Muster werden die Maschenzahl des Rapports, dann die Anfangs- und Endmaschen und die Wende-Luftmaschen angegeben, und schließlich, welche Reihen wiederholt werden. Damit lässt sich das Muster auch leicht für eigene Häkelprojekte verwenden.

Häkeln nach ausgeschriebenem Text

Im Text werden die Muster Reihe für Reihe und Masche für Masche ausgeschrieben. Der Rapport steht zwischen Sternchen * *, kleinere Wiederholungen zwischen [ ], dann folgt die Angabe, wie oft wiederholt wird. Abschließend findet man noch die Angabe, welche Reihen in der Höhe wiederholt werden.

Häkeln nach Häkelschrift

In Häkelschriften werden Hin- und Rückreihen oder in Runden gezeichnet. Die Maschen sind so bezeichnet, wie sie gehäkelt werden. Wie die Symbole einer Häkelschrift zu lesen sind, wird in der Zeichenerklärung unter der Häkelschrift angegeben. Gut darauf achten, ob das Muster mit einer Hin- oder Rückreihe beginnt!

Häkelschriften immer in Häkelrichtung lesen, also Hinreihen von rechts nach links und Rückreihen von links nach rechts. Man kann sich dabei leicht an der Position der Reihennummer orientieren. Ziffern rechts neben der Häkelschrift markieren Hinreihen, Ziffern links neben der Häkelschrift Rückreihen. Bei Häkelschriften für ein in Runden gehäkeltes Muster stehen alle Ziffern an den Steige-Luftmaschen, die in die neue Runde hinaufführen.

In Hinreihen mit der oder den Wende-Luftmaschen und den Maschen vor dem rechten Pfeil beginnen, dann den Rapport zwischen den Pfeilen wiederholen und mit den Maschen nach dem linken Pfeil enden. In allen Rückreihen die Häkelschrift entsprechend von links nach rechts lesen. Unter der Häkelschrift wird angegeben, welche Reihen wiederholt werden.

Bitte beachten: Rapportzeichen und Pfeile in Häkelschrift und Reihenbeschreibung desselben Musters erscheinen nicht zwangsläufig an denselben Stellen. Für beide Darstellungsarten werden die Rapporte jeweils so gesetzt, dass sie das Muster am übersichtlichsten beschreiben. Die Rapporte müssen also nicht immer übereinstimmen.

Musterdarstellungen im Modellteil und im Musterteil

Im Musterteil werden alle vorgestellten Muster in Hin- und Rückreihen in ihrer Grundform gerade hoch beschrieben. Der Modellteil zeigt dann, was man aus diesen Grundmustern machen kann oder wie sie in einem Modell mit eigener Formgebung eingesetzt werden können. Diese Beispiele sollen auch gerne dazu animieren, selbst mit den Mustern kreativ zu werden.

Folgende Abkürzungen werden verwendet:

M = Masche(n)
R = Reihe(n)
Rd = Runde(n)
Luftm = Luftmasche(n)
Kettm = Kettmasche(n)

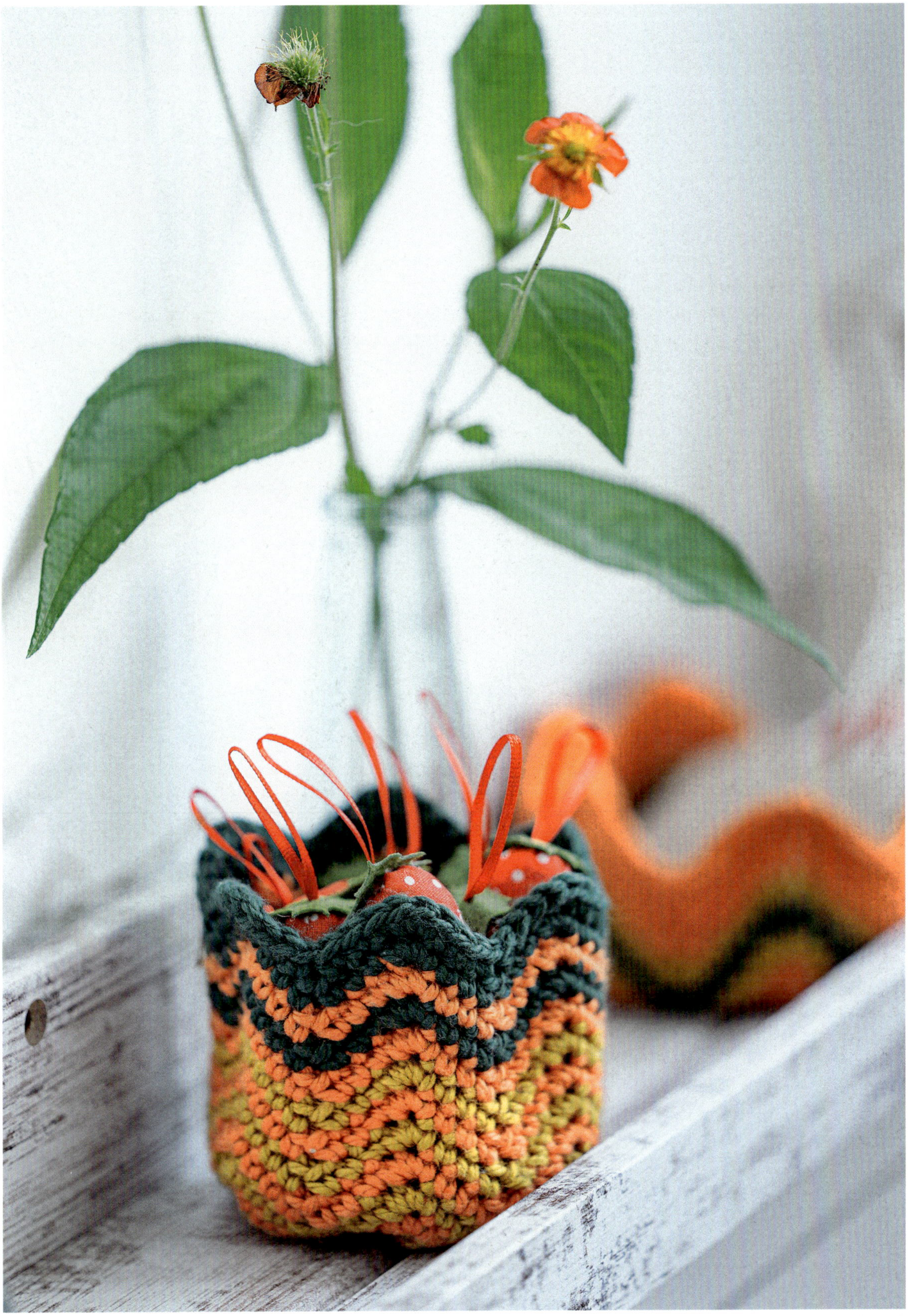

Kleines V-Muster

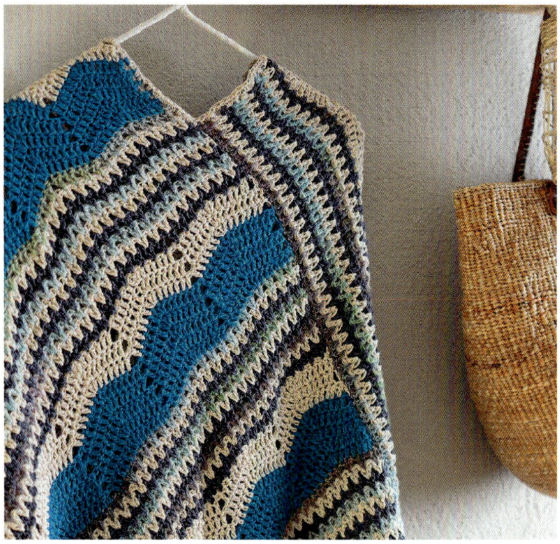

Schwierigkeitsgrad einfach
Kategorie V-förmiges Muster mit Stäbchen in drei Farben

Maschenzahl teilbar durch 2 + 4 M + 3 Wende-Luftm.

HÄKELN NACH MUSTERBESCHREIBUNG

1. Reihe (Hinreihe, Farbe A): 3 Wende-Luftm, 2 Stäbchen in die 5. M ab Nadel, * 1 M überspringen, 2 Stäbchen in die folgende M; ab * stets wiederholen, 1 M überspringen, 1 Stäbchen.
2. Reihe (Rückreihe, Farbe B): 3 Wende-Luftm, * 2 Stäbchen zwischen die nächsten beiden Stäbchen der Vorreihe; ab * stets wiederholen, 1 Stäbchen in die 3. Wende-Luftm der Vorreihe.
3. Reihe (Farbe C): 3 Wende-Luftm, * 2 Stäbchen zwischen die nächsten beiden Stäbchen der Vorreihe; ab * stets wiederholen, 1 Stäbchen in die 3. Wende-Luftm der Vorreihe.

Die 1.–3. Reihe 1x arbeiten, dann die 2.–3. Reihe stets wiederholen, dabei in der Farbfolge arbeiten.

Farbfolge: * Je 1 Reihe in Farbe A, Farbe B, Farbe C; ab * stets wiederholen.

HÄKELN NACH HÄKELSCHRIFT

In der Häkelschrift sind Hin- und Rückreihen notiert. Die Maschen sind so bezeichnet, wie sie gearbeitet werden.

<u>In den Hinreihen</u> mit den M vor dem rechten Pfeil beginnen, den Rapport von 2 M zwischen den Pfeilen stets wiederholen und mit den M nach dem linken Pfeil enden.
<u>In den Rückreihen</u> die M entsprechend von links nach rechts lesen.

Die 1.–3. Reihe 1x arbeiten, dann die 2.–3. Reihe stets wiederholen, dabei in der Farbfolge arbeiten.

Farbfolge: * Je 1 Reihe in Farbe A, Farbe B, Farbe C; ab * stets wiederholen.

Für die abgebildete Farbvariante wurde Mais als Farbe A, Kürbis als Farbe B und Weizen als Farbe C gewählt.

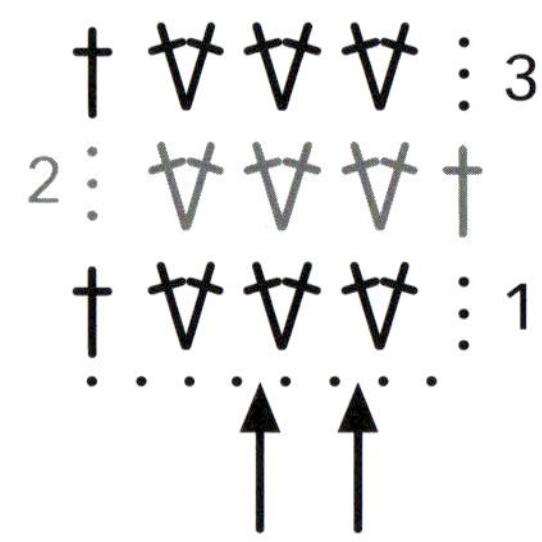

Zeichenerklärung

· = 1 Luftmasche
† = 1 Stäbchen
∀ = 2 Stäbchen in die Luftmasche beziehungsweise zwischen 2 Stäbchen der letzten Reihe

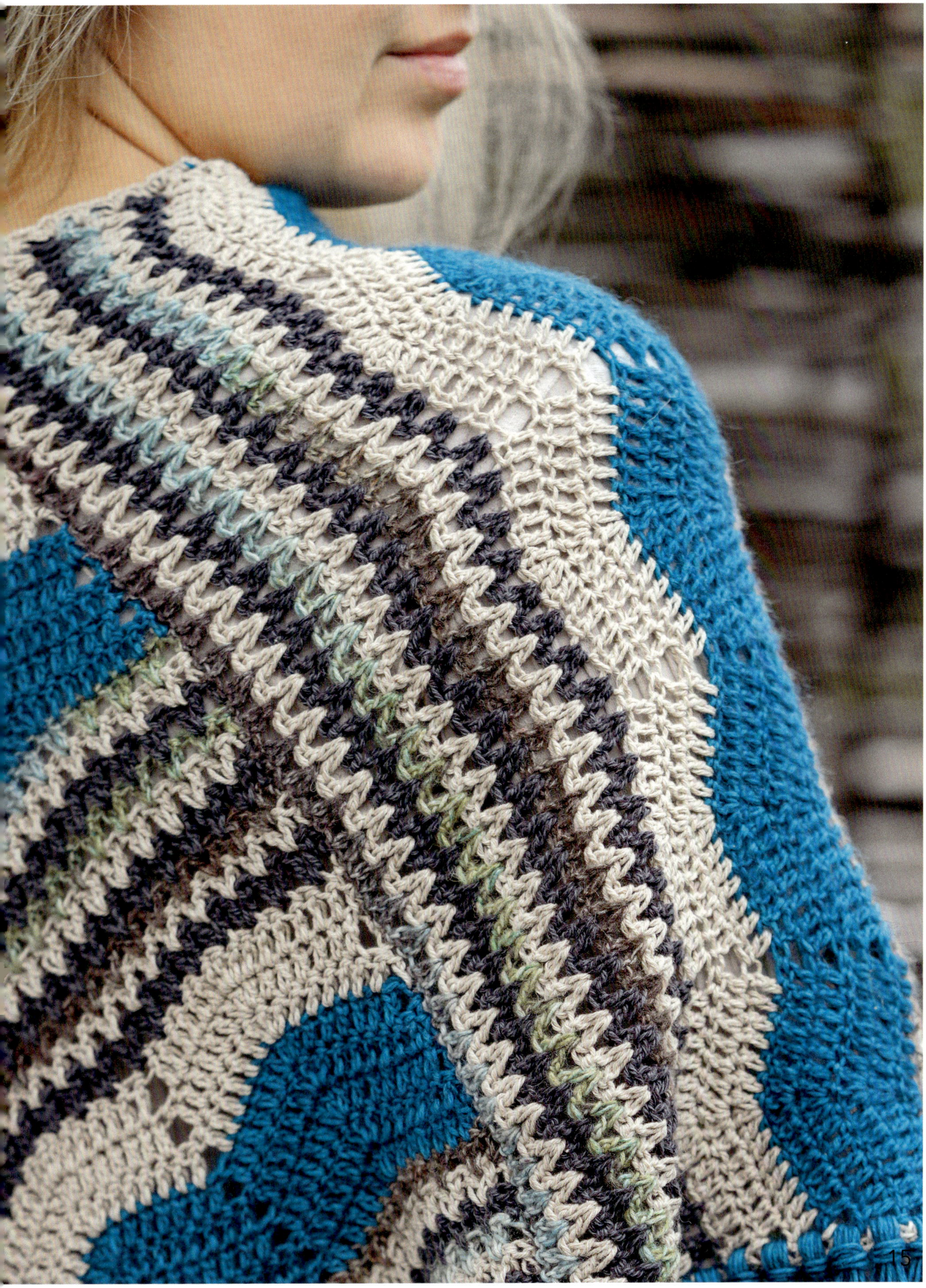

Zackenmuster

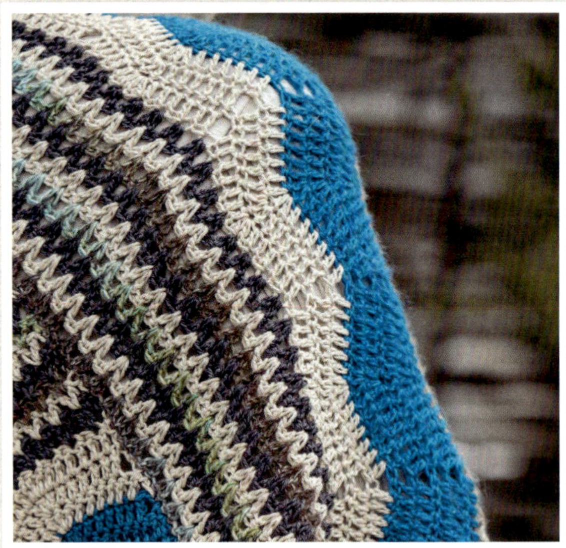

Schwierigkeitsgrad einfach
Kategorie Zackenmuster mit Stäbchen

Maschenzahl teilbar durch 15 + 16 M + 3 Wende-Luftm.

HÄKELN NACH MUSTERBESCHREIBUNG

1. Reihe (Hinreihe): 3 Wende-Luftm, 1 Stäbchen in die 5. M ab Nadel, 5 Stäbchen, * 3 Stäbchen in die folgende M, 6 Stäbchen, 2 M überspringen, 6 Stäbchen; ab * stets wiederholen, 3 Stäbchen in die folgende M, 6 Stäbchen, 1 M überspringen, 1 Stäbchen.
2. Reihe (Rückreihe): 3 Wende-Luftm, 1 M überspringen, 6 Stäbchen, * 3 Stäbchen in die folgende M, 6 Stäbchen, 2 M überspringen, 6 Stäbchen; ab * stets wiederholen, 3 Stäbchen in die folgende M, 6 Stäbchen, 1 M überspringen, 1 Stäbchen.
3. Reihe: 3 Wende-Luftm, 1 M überspringen, 6 Stäbchen, 3 Stäbchen in die folgende M, * 6 Stäbchen, 2 M überspringen, 6 Stäbchen, 3 Stäbchen in die folgende M; ab * stets wiederholen, 6 Stäbchen, 1 M überspringen, 1 Stäbchen.

Die 1.–3. Reihe 1x arbeiten, dann die 2.–3. Reihe stets wiederholen.

HÄKELN NACH HÄKELSCHRIFT

In der Häkelschrift sind Hin- und Rückreihen notiert. Die Maschen sind so bezeichnet, wie sie gearbeitet werden.

In den Hinreihen mit den M vor dem rechten Pfeil beginnen, den Rapport von 15 M zwischen den Pfeilen stets wiederholen und mit den M nach dem linken Pfeil enden.
In den Rückreihen die M entsprechend von links nach rechts lesen.

Die 1.–3. Reihe 1x arbeiten, dann die 2.–3. Reihe stets wiederholen.

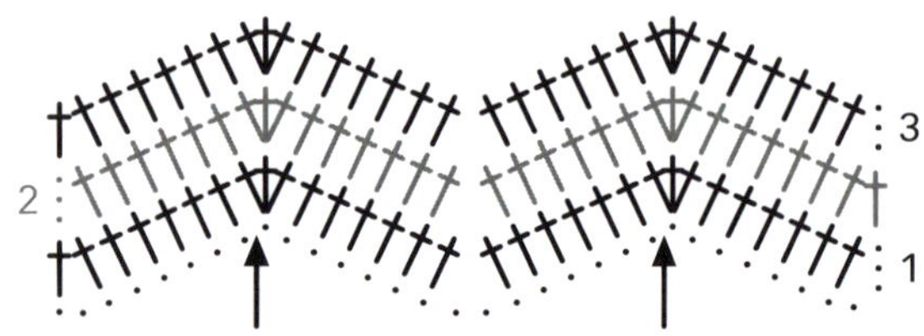

Zeichenerklärung

· = 1 Luftmasche
† = 1 Stäbchen
= 3 Stäbchen in eine Einstichstelle

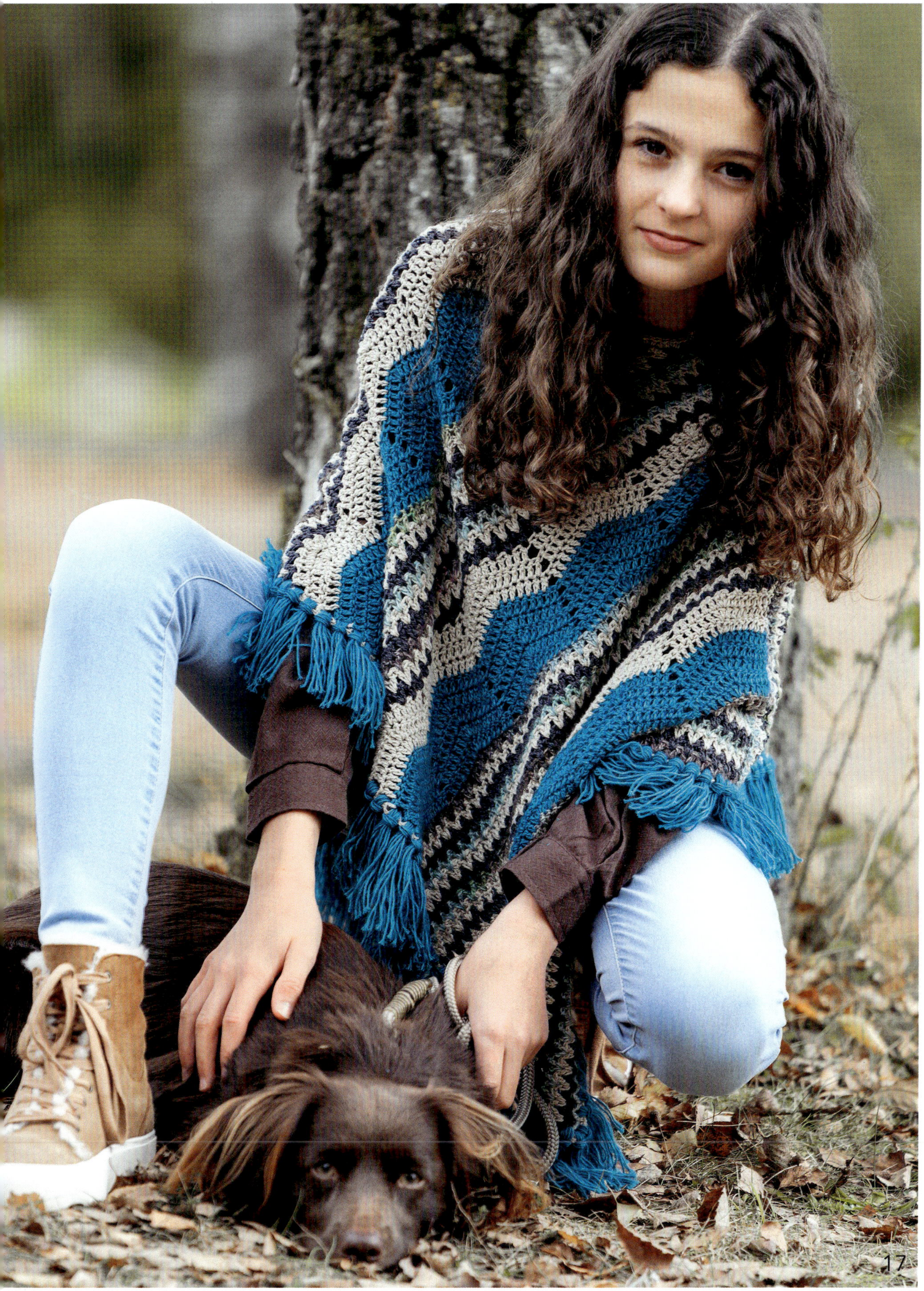

Wellenmuster

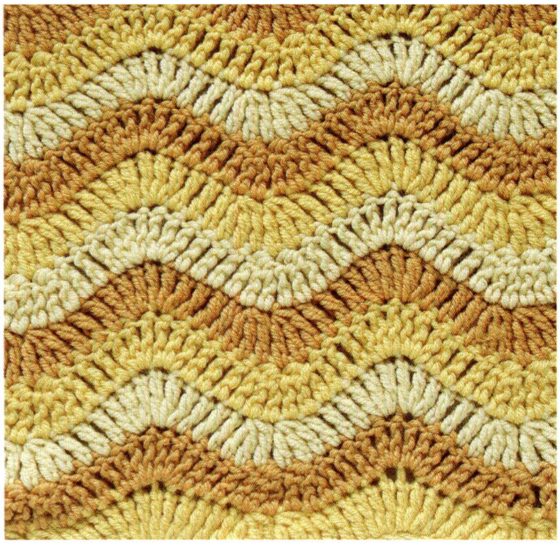

Schwierigkeitsgrad einfach
Kategorie Wellenmuster mit doppelten Stäbchen

Maschenzahl teilbar durch 14 + 4 Wende-Luftm.

HÄKELN NACH MUSTERBESCHREIBUNG

1. Reihe (Hinreihe, Farbe A): 4 Wende-Luftm, 2 Doppel-Stäbchen in die 5. M ab Nadel, 3 Doppel-Stäbchen, 3 zusammen abgemaschte Doppel-Stäbchen, * 3 zusammen abgemaschte Doppel-Stäbchen, 3 Doppel-Stäbchen, 3 Doppel-Stäbchen in eine Einstichstelle, 3 Doppel-Stäbchen in eine Einstichstelle, 3 Doppel-Stäbchen, 3 zusammen abgemaschte Doppel-Stäbchen; ab * stets wiederholen, 3 zusammen abgemaschte Doppel-Stäbchen, 3 Doppel-Stäbchen, 3 Doppel-Stäbchen in eine Einstichstelle.
2. Reihe (Rückreihe, Farbe B): 4 Wende-Luftm, 2 Doppel-Stäbchen in eine Einstichstelle, 3 Doppel-Stäbchen, 3 zusammen abgemaschte Doppel-Stäbchen, * 3 zusammen abgemaschte Doppel-Stäbchen, 3 Doppel-Stäbchen, [3 Doppel-Stäbchen in eine Einstichstelle] 2x, 3 Doppel-Stäbchen, 3 zusammen abgemaschte Doppel-Stäbchen; ab * stets wiederholen, 3 zusammen abgemaschte Doppel-Stäbchen, 3 Doppel-Stäbchen, 3 Doppel-Stäbchen in eine Einstichstelle.
3. Reihe (Farbe C): 4 Wende-Luftm, 2 Doppel-Stäbchen in eine Einstichstelle, 3 Doppel-Stäbchen, 3 zusammen abgemaschte Doppel-Stäbchen, * 3 zusammen abgemaschte Doppel-Stäbchen, 3 Doppel-Stäbchen, [3 Doppel-Stäbchen in eine Einstichstelle] 2x, 3 Doppel-Stäbchen, 3 zusammen abgemaschte Doppel-Stäbchen; ab * stets wiederholen, 3 zusammen abgemaschte Doppel-Stäbchen, 3 Doppel-Stäbchen, 3 Doppel-Stäbchen in eine Einstichstelle.

Die 1.–3. Reihe 1x arbeiten, dann die 2.–3. Reihe stets wiederholen, dabei in der Farbfolge arbeiten.

Farbfolge: * Je 1 Reihe in Farbe A, Farbe B, Farbe C; ab * stets wiederholen.

HÄKELN NACH HÄKELSCHRIFT

In der Häkelschrift sind Hin- und Rückreihen notiert. Die Maschen sind so bezeichnet, wie sie gearbeitet werden.

In den Hinreihen mit den M vor dem rechten Pfeil beginnen, den Rapport von 14 M zwischen den Pfeilen stets wiederholen und mit den M nach dem linken Pfeil enden.
In den Rückreihen die M entsprechend von links nach rechts lesen.

Die 1.–3. Reihe 1x arbeiten, dann die 2.–3. Reihe stets wiederholen, dabei in der Farbfolge arbeiten.

Farbfolge: * Je 1 Reihe in Farbe A, Farbe B, Farbe C; ab * stets wiederholen.

Für die abgebildete Farbvariante wurde Mais als Farbe A, Kürbis als Farbe B und Weizen als Farbe C gewählt.

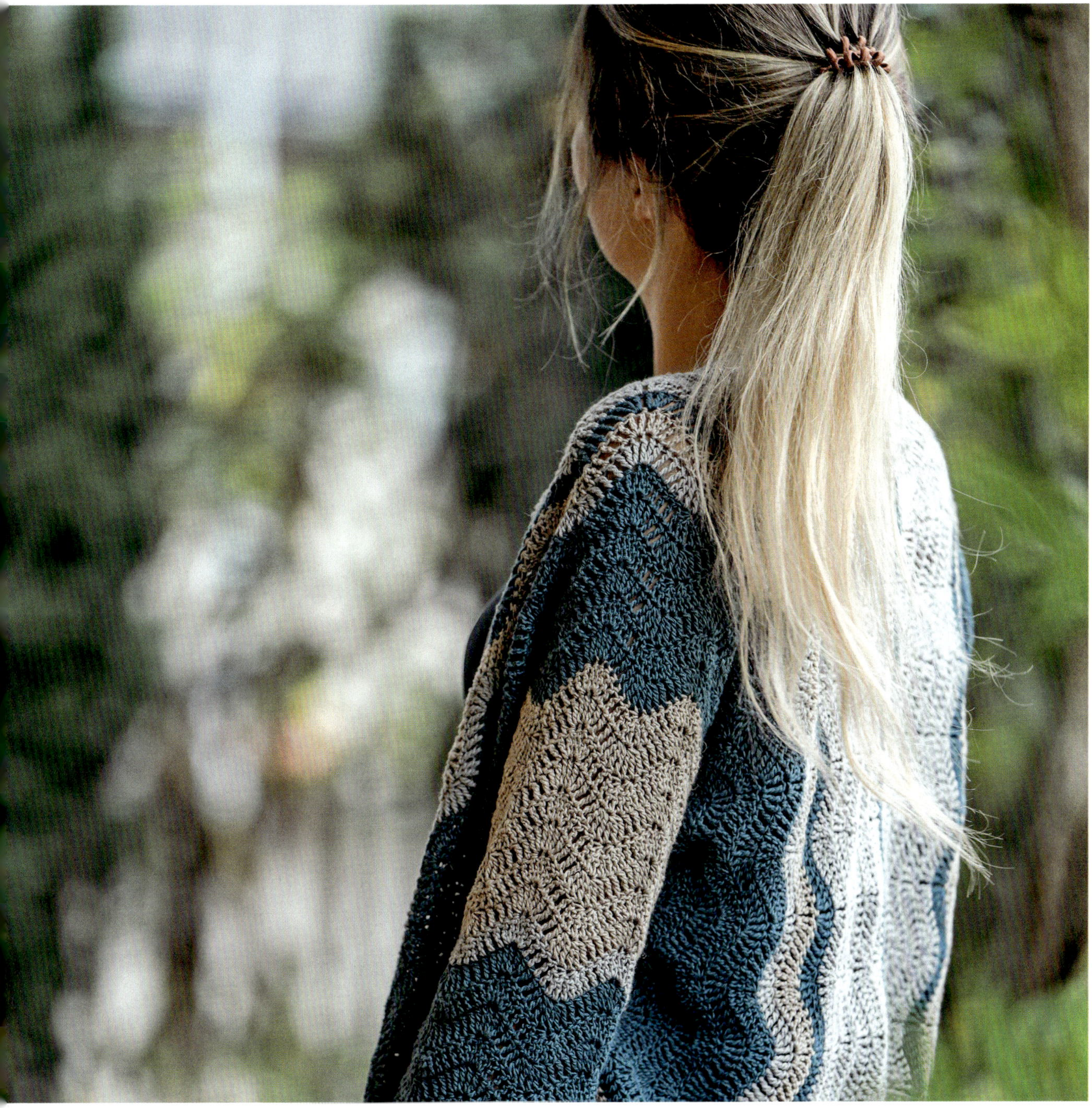

Zeichenerklärung

· = 1 Luftmasche

† = 1 Doppelstäbchen

= 3 zusammen abgemaschte Doppelstäbchen

= 2 Doppelstäbchen in eine Einstichstelle

= 3 Doppelstäbchen in eine Einstichstelle

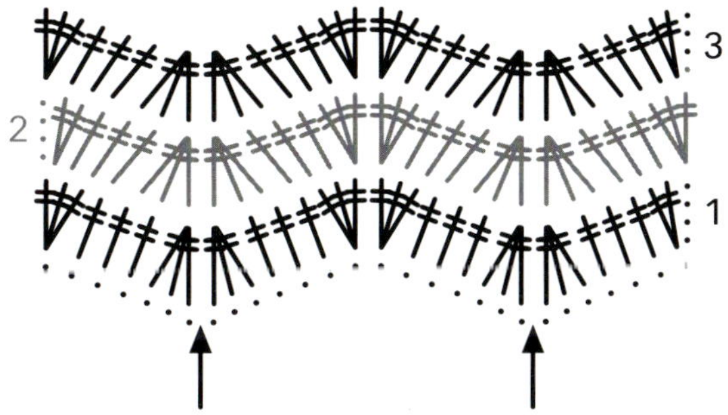

Zick-Zack- und Wellenmuster

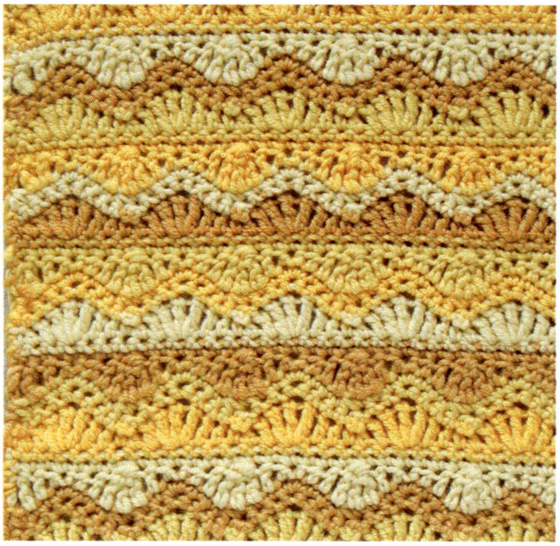

Schwierigkeitsgrad schwer
Kategorie Zick- Zack- und Wellenmuster

Maschenzahl teilbar durch 6 + 7 M + 1 Wende-Luftm. Die Anzahl an Wende-Luftm variiert in den Reihen je nach Maschengröße.

HÄKELN NACH MUSTERBESCHREIBUNG

1. Reihe (Hinreihe): 1 Wende-Luftm, 1 feste M in die 3. M ab Nadel, alle weiteren M als feste M häkeln.
2. Reihe (Rückreihe): 1 Wende-Luftm, 1 halbes Stäbchen, 1 Stäbchen, 3 Doppel-Stäbchen in eine Einstichstelle, * 1 Stäbchen, 1 halbes Stäbchen, 1 feste M, 1 halbes Stäbchen, 1 Stäbchen, 3 Doppel-Stäbchen in eine Einstichstelle; ab * stets wiederholen, 1 Stäbchen, 1 halbes Stäbchen, 1 feste M.
3. Reihe: 1 Wende-Luftm, 3 feste M, * 3 feste M in eine Einstichstelle, 2 feste M, 3 zusammen abgemaschte feste M, 2 feste M; ab * stets wiederholen, 3 feste M in eine Einstichstelle, 2 feste M, 2 zusammen abgemaschte feste M.
4. Reihe: Wie die 3. Reihe arbeiten.
5. Reihe: 4 Wende-Luftm, 1 Doppel-Stäbchen, 1 Stäbchen, 1 halbes Stäbchen, * 1 feste M, 1 halbes Stäbchen, 1 Stäbchen, 3 zusammen abgemaschte Doppel-Stäbchen, 1 Stäbchen, 1 halbes Stäbchen; ab * stets wiederholen, 1 feste M, 1 halbes Stäbchen, 1 Stäbchen, 2 zusammen abgemaschte Doppel-Stäbchen.
6. Reihe: 1 Wende-Luftm, alle weiteren M als feste M häkeln.
7. Reihe: 1 Wende-Luftm, alle weiteren M als feste M häkeln.

Die 1.–7. Reihe 1x arbeiten, dann die 2.–7. Reihe stets wiederholen, dabei in der Farbfolge arbeiten.

Farbfolge: * Je 2 Reihen in Farbe A, Farbe B, Farbe C, Farbe D; ab * stets wiederholen.

HÄKELN NACH HÄKELSCHRIFT

In der Häkelschrift sind Hin- und Rückreihen notiert. Die Maschen sind so bezeichnet, wie sie gearbeitet werden.

In den Hinreihen mit den M vor dem rechten Pfeil beginnen, den Rapport von 6 M zwischen den Pfeilen stets wiederholen und mit den M nach dem linken Pfeil enden.
In den Rückreihen die M entsprechend von links nach rechts lesen.

Die 1.–7. Reihe 1x arbeiten, dann die 2.–7. Reihe stets wiederholen, dabei in der Farbfolge arbeiten.

Farbfolge: * Je 2 Reihen in Farbe A, Farbe B, Farbe C, Farbe D; ab * stets wiederholen.

Für die abgebildete Farbvariante wurde Mais als Farbe A, Kürbis als Farbe B, Weizen als Farbe C und Sonne als Farbe D gehäkelt.

Zeichenerklärung

- · = 1 Luftmasche
- ı = 1 feste Masche
- ∧ = 2 zusammen abgemaschte feste Maschen
- ⋀ = 3 zusammen abgemaschte feste Maschen
- ⋁ = 3 feste Maschen in eine Einstichstelle

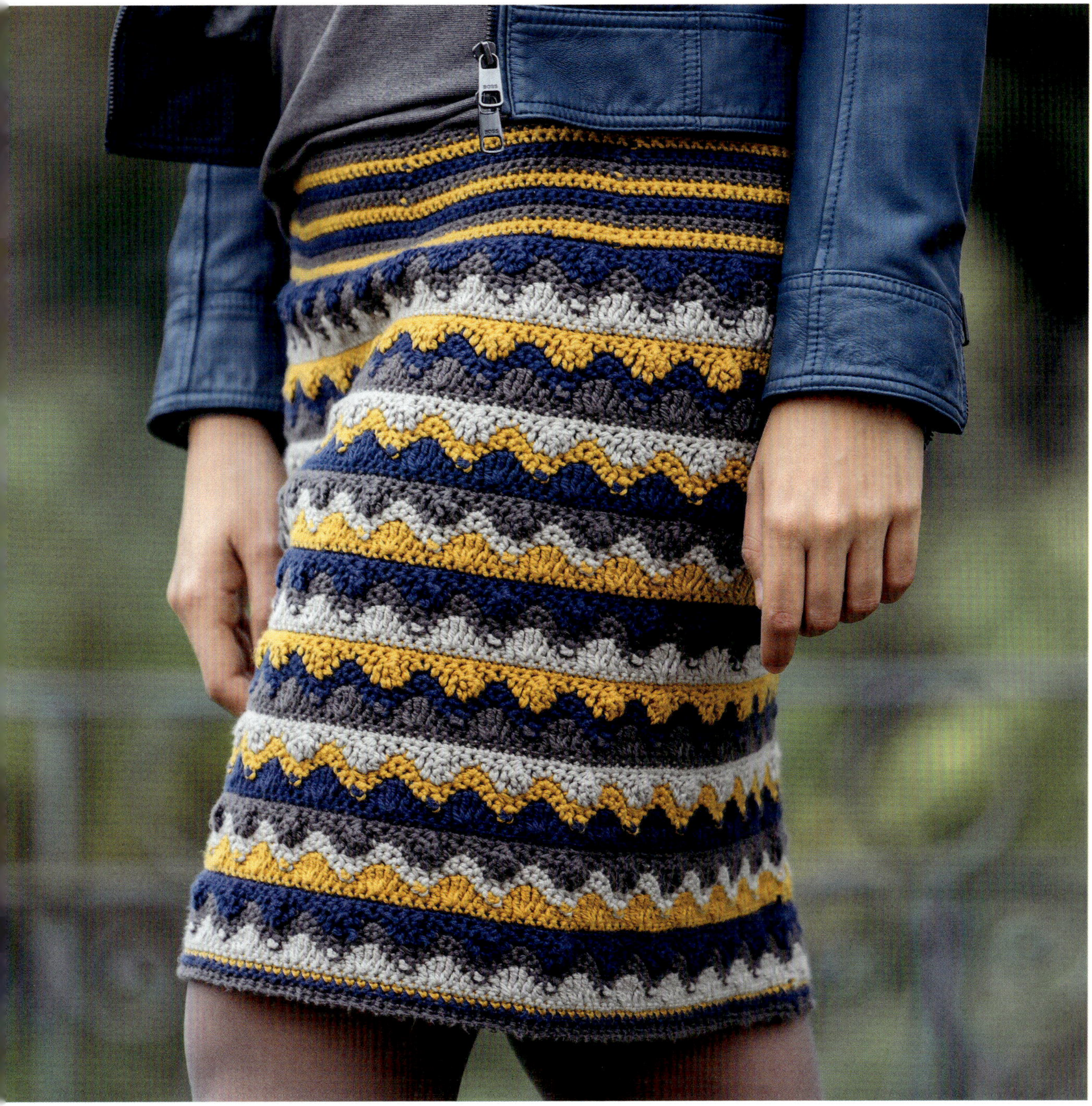

T = 1 halbes Stäbchen

† = 1 Stäbchen

‡ = 1 Doppelstäbchen

= 2 zusammen abgemaschte Doppelstäbchen

= 3 zusammen abgemaschte Doppelstäbchen

= 3 Doppelstäbchen in eine Einstichstelle

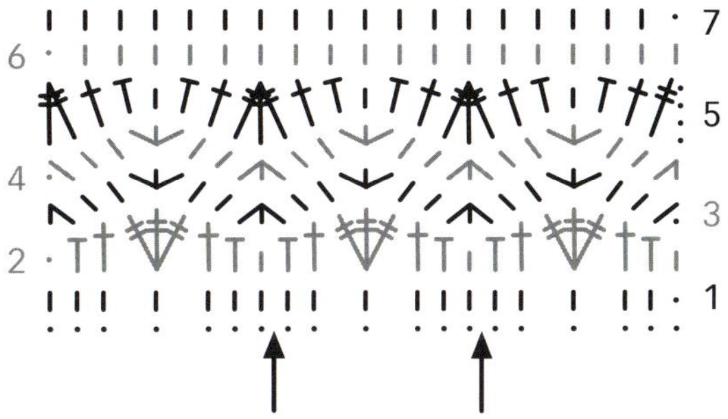

Zackenreliefmuster

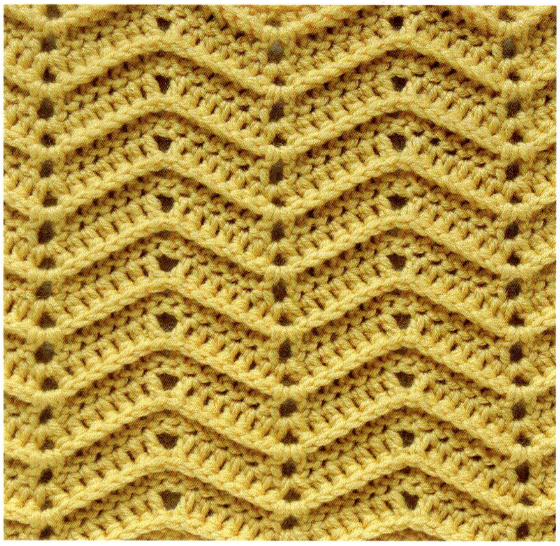

Schwierigkeitsgrad einfach
Kategorie Zackenmuster mit Stäbchen und Reliefstäbchen

Maschenzahl teilbar durch 16 + 3 Wende-Luftm.

HÄKELN NACH MUSTERBESCHREIBUNG

1. Reihe (Hinreihe): 3 Wende-Luftm, 1 Stäbchen in die 5. M ab Nadel, 6 Stäbchen, 1 Luftm, * 1 Luftm, 7 Stäbchen, 2 Luftm überspringen, 7 Stäbchen, 1 Luftm; ab * stets wiederholen, 1 Luftm, 6 Stäbchen, 2 zusammen abgemaschte Stäbchen.
2. Reihe (Rückreihe): 3 Wende-Luftm, 6 Relief-Stäbchen von vorne (= 1 Umschlag auf die Nadel nehmen, von vorne nach hinten und wieder nach vorne um das Stäbchen der Vorreihe herumstechen und 1 Stäbchen häkeln), 1 Stäbchen um den Luftm-Bogen, 1 Luftm, * 1 Luftm, 1 Stäbchen um den Luftm-Bogen, 6 Relief-Stäbchen von vorne, 2 M überspringen, 6 Relief-Stäbchen von vorne, 1 Stäbchen um den Luftm-Bogen, 1 Luftm; ab * stets wiederholen, 1 Luftm, 1 Stäbchen um den Luftm-Bogen, 5 Relief-Stäbchen von vorne, 2 zusammen abgemaschte Stäbchen.
3. Reihe: 3 Wende-Luftm, 6 Stäbchen, 1 Stäbchen um den Luftm-Bogen, 1 Luftm, * 1 Luftm, 1 Stäbchen um den Luftm-Bogen, 6 Stäbchen, 2 M überspringen, 6 Stäbchen, 1 Stäbchen um den Luftm-Bogen, 1 Luftm; ab * stets wiederholen, 1 Luftm, 1 Stäbchen um den Luftm-Bogen, 5 Stäbchen, 2 zusammen abgemaschte Stäbchen.

Die 1.–3. Reihe 1x arbeiten, dann die 2.–3. Reihe stets wiederholen.

HÄKELN NACH HÄKELSCHRIFT

In der Häkelschrift sind Hin- und Rückreihen notiert. Die Maschen sind so bezeichnet, wie sie gearbeitet werden.

In den Hinreihen mit den M vor dem rechten Pfeil beginnen, den Rapport zwischen den Pfeilen stets wiederholen und mit den M nach dem linken Pfeil enden.
In den Rückreihen die M entsprechend von links nach rechts lesen.

Die 1.–3. Reihe 1x arbeiten, dann die 2.–3. Reihe stets wiederholen.

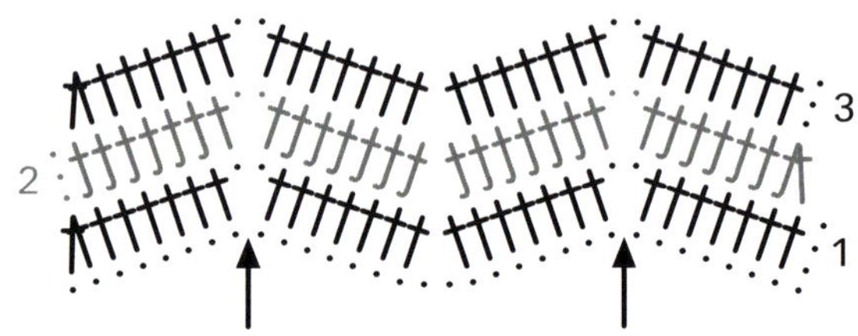

Zeichenerklärung

- · = 1 Luftmasche
- † = 1 Stäbchen
- = 2 zusammen abgemaschte Stäbchen
- = 1 Reliefstäbchen von vorne: 1 Umschlag auf die Nadel nehmen, von vorne nach hinten und wieder nach vorne um das Stäbchen der Vorreihe herumstechen und 1 Stäbchen häkeln.

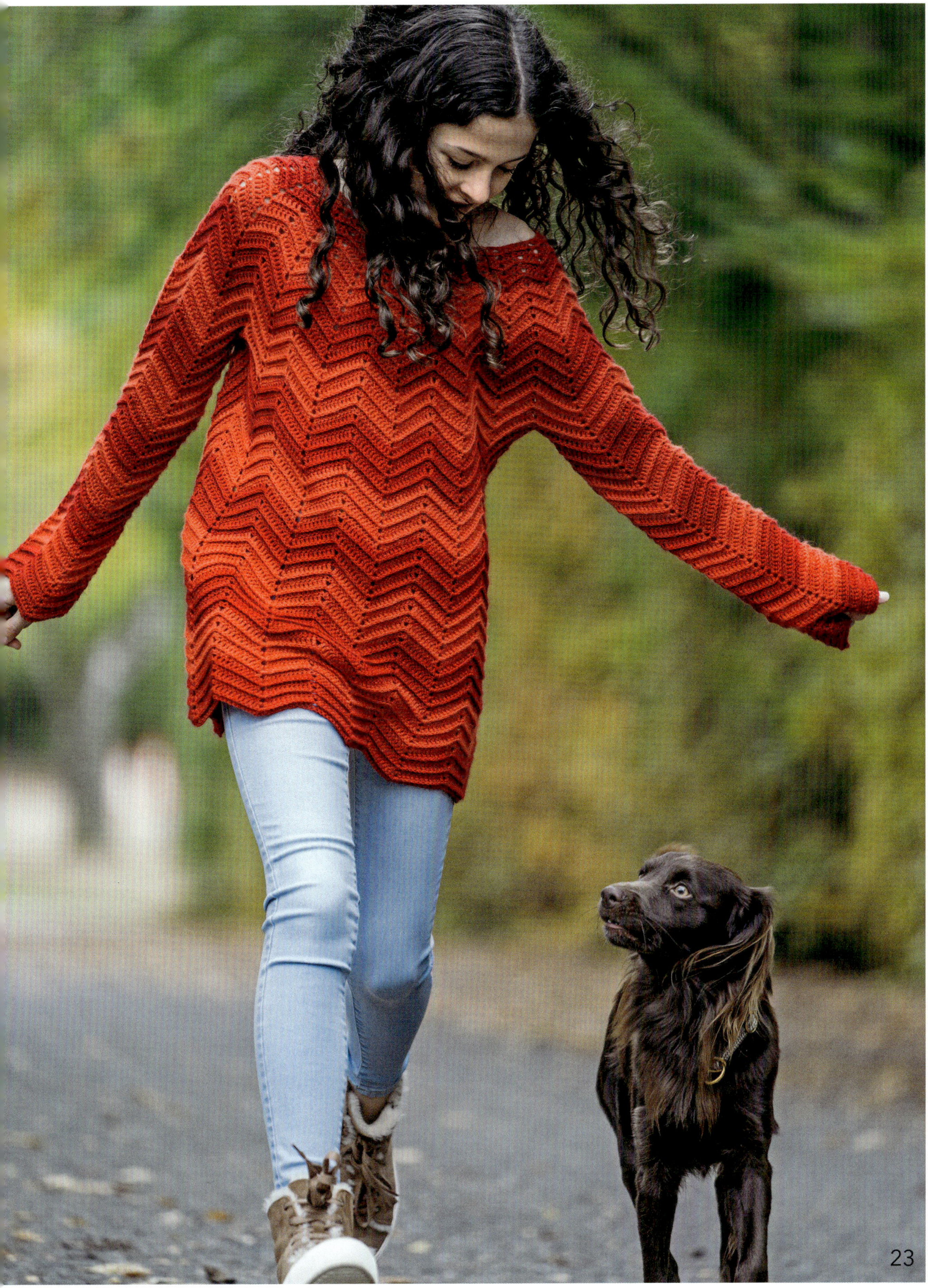

Sternchen und Zacken

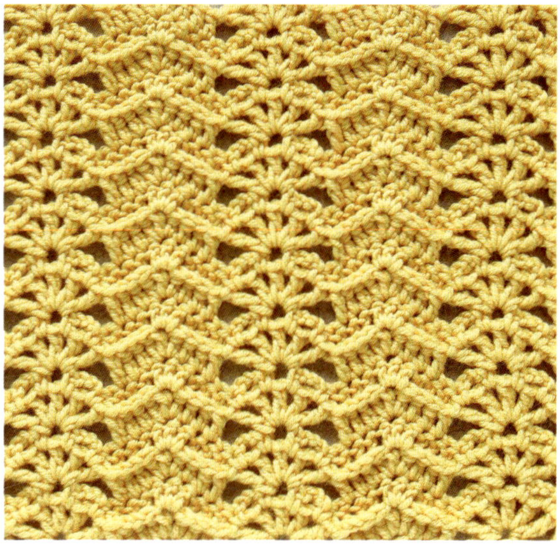

Schwierigkeitsgrad mittel
Kategorie Musterkombination aus Reliefstäbchen und Stäbchen mit Luftmaschen-Bögen

Maschenzahl teilbar durch 14 + 15 M + 3 Wende-Luftm.

Besondere Maschen:
1 Büschel = 1 Stäbchen, [1 Luftm, 1 Stäbchen] 4x

HÄKELN NACH MUSTERBESCHREIBUNG

1. Reihe (Hinreihe): 3 Wende-Luftm, 1 Stäbchen in die 4. M ab Nadel, 3 Stäbchen, 3 M überspringen, 1 Büschel, 2 M überspringen, * 1 M überspringen, 3 Stäbchen, 3 Stäbchen in eine Einstichstelle, 3 Stäbchen, 3 M überspringen, 1 Büschel, 2 M überspringen; ab * stets wiederholen, 1 M überspringen, 3 Stäbchen, 2 Stäbchen in eine Einstichstelle.

2. Reihe (Rückreihe): 3 Wende-Luftm, 1 Stäbchen, 3 Relief-Stäbchen von vorne (= 1 Umschlag auf die Nadel nehmen, von vorne nach hinten und wieder nach vorne um das Stäbchen der Vorreihe herumstechen und 1 Stäbchen häkeln), 1 M überspringen, * 1 M überspringen, 1 feste M um die Luftm, [3 Luftm, 1 feste M um die Luftm] 3x, 2 M überspringen, 3 Relief-Stäbchen von vorne, 3 Stäbchen in eine Einstichstelle, 3 Relief-Stäbchen von vorne, 1 M überspringen; ab * stets wiederholen, 1 M überspringen, 1 feste M um die Luftm, [3 Luftm, 1 feste M um die Luftm] 3x, 2 M überspringen, 3 Relief-Stäbchen von vorne, 2 Stäbchen in eine Einstichstelle.

3. Reihe: 3 Wende-Luftm, 4 Stäbchen, 1 Büschel in den mittleren Luftm-Bogen, 1 M überspringen, * 1 M überspringen, 3 Stäbchen, 3 Stäbchen in eine Einstichstelle, 3 Stäbchen, 1 Büschel in den mittleren Luftm-Bogen, 1 M überspringen; ab * stets wiederholen, 1 M überspringen, 3 Stäbchen, 2 Stäbchen in eine Einstichstelle.

Die 1.–3. Reihe 1x arbeiten, dann die 2.–3. Reihe stets wiederholen.

HÄKELN NACH HÄKELSCHRIFT

In der Häkelschrift sind Hin- und Rückreihen notiert. Die Maschen sind so bezeichnet, wie sie gearbeitet werden.

In den Hinreihen mit den M vor dem rechten Pfeil beginnen, den Rapport zwischen den Pfeilen stets wiederholen und mit den M nach dem linken Pfeil enden.
In den Rückreihen die M entsprechend von links nach rechts lesen.

Die 1.–3. Reihe 1x arbeiten, dann die 2.–3. Reihe stets wiederholen.

Zeichenerklärung

· = 1 Luftmasche
ı = 1 feste Masche
† = 1 Stäbchen
⋎ = 2 Stäbchen in eine Einstichstelle

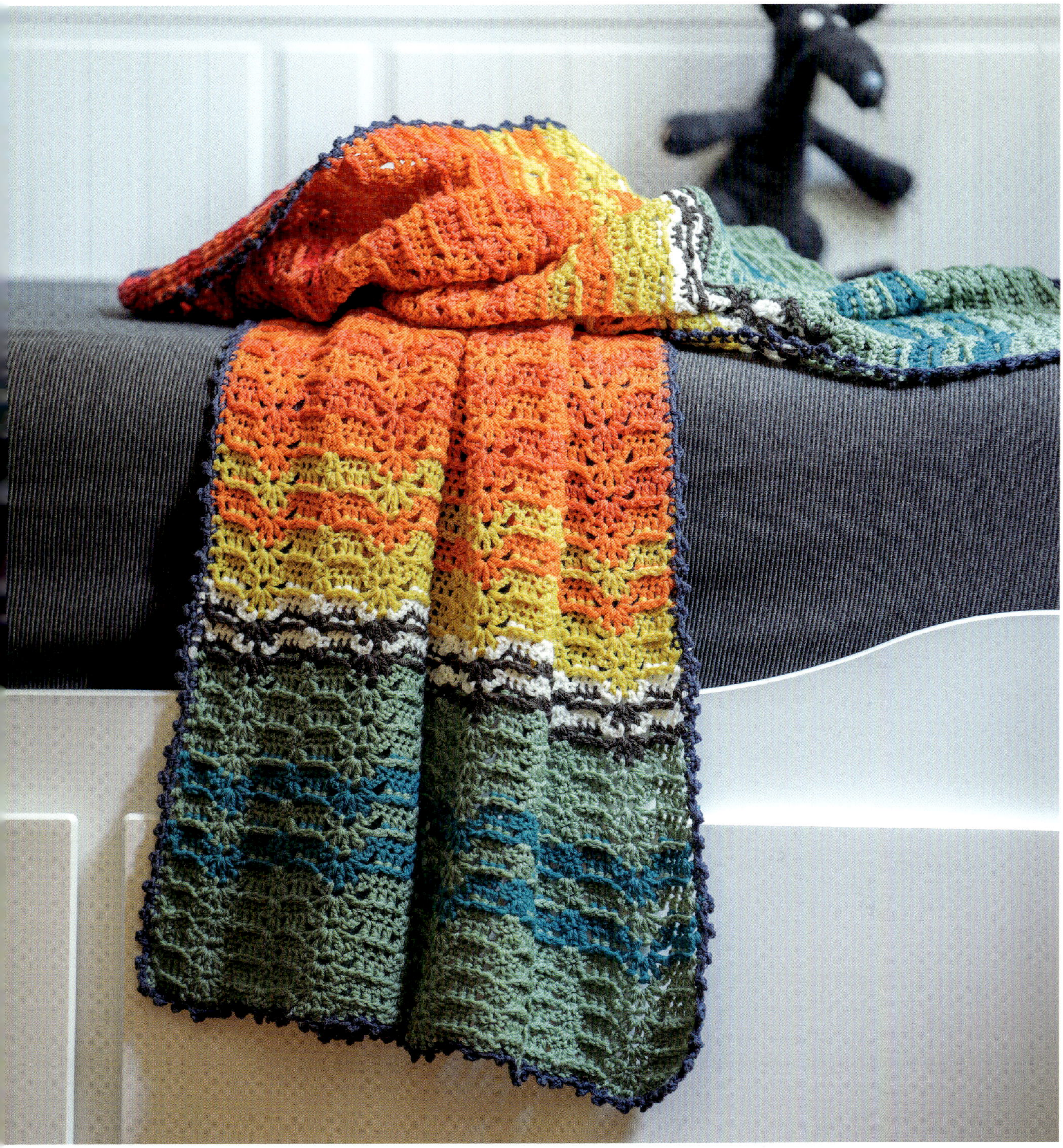

 = 3 Stäbchen in eine Einstichstelle

 = 1 Reliefstäbchen von vorne

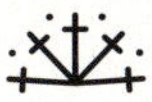 = 1 Büschel (= 1 Stäbchen, 1 Luftmasche, 1 Stäbchen, 1 Luftmasche, 1 Stäbchen, 1 Luftmasche, 1 Stäbchen, 1 Luftmasche, 1 Stäbchen) in eine Einstichstelle

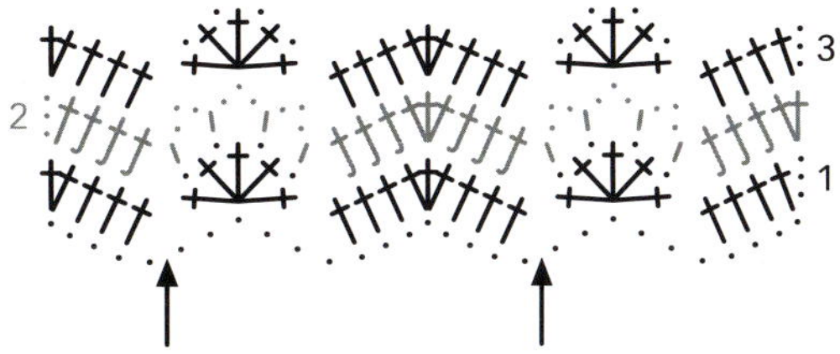

Zackenlochmuster

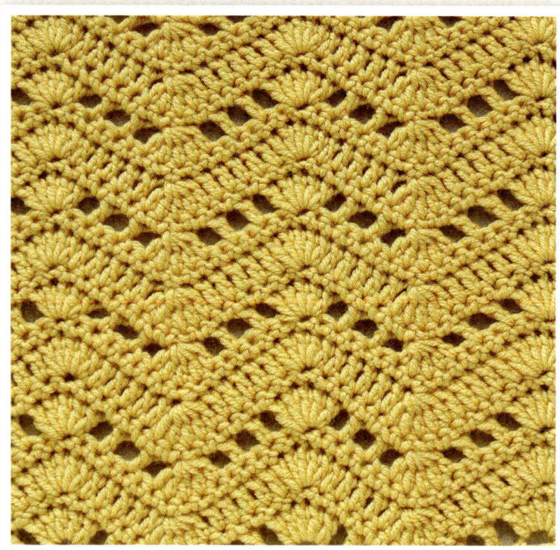

Schwierigkeitsgrad mittel
Kategorie Lochmuster mit Stäbchen

Maschenzahl teilbar durch 16 + 17 M + 3 Wende-Luftm. Die Anzahl an Wende-Luftm variiert in den Reihen je nach Maschengröße.

HÄKELN NACH MUSTERBESCHREIBUNG

1. Reihe (Hinreihe): 3 Wende-Luftm, 1 halb abgemaschtes Stäbchen in die 5. M ab Nadel, 1 halb abgemaschtes Stäbchen in die folgende M, dann Faden holen und alle auf der Nadel liegenden Schlingen zusammen abmaschen, [mit 1 Luftm 1 M überspringen, 1 Stäbchen] 2x, mit 1 Luftm 1 M überspringen, * 5 Stäbchen in eine Einstichstelle, [mit 1 Luftm 1 M überspringen, 1 Stäbchen] 2x, mit 1 Luftm 1 M überspringen, 5 zusammen abgemaschte Stäbchen, [mit 1 Luftm 1 M überspringen, 1 Stäbchen] 2x, mit 1 Luftm 1 M überspringen; ab * stets wiederholen, 5 Stäbchen in eine Einstichstelle, [mit 1 Luftm 1 M überspringen, 1 Stäbchen] 2x, 1 Luftm, 1 M überspringen, 3 zusammen abgemaschte Stäbchen.
2. Reihe (Rückreihe) und alle folgenden Rückreihen: 1 Wende-Luftm, alle übrigen M als feste M häkeln.
3. Reihe: 3 Wende-Luftm, 2 zusammen abgemaschte Stäbchen, 5 Stäbchen, * 5 Stäbchen in eine Einstichstelle, 5 Stäbchen, 5 zusammen abgemaschte Stäbchen, 5 Stäbchen; ab * stets wiederholen, 5 Stäbchen in eine Einstichstelle, 5 Stäbchen, 3 zusammen abgemaschte Stäbchen.
5. Reihe: 3 Wende-Luftm, 2 zusammen abgemaschte Stäbchen, [mit 1 Luftm 1 M überspringen, 1 Stäbchen] 2x, mit 1 Luftm 1 M überspringen, * 5 Stäbchen in eine Einstichstelle, [1 Luftm, 1 M überspringen, 1 Stäbchen] 2x, mit 1 Luftm 1 M überspringen, 5 zusammen abgemaschte Stäbchen, [mit 1 Luftm, 1 M überspringen, 1 Stäbchen] 2x, mit 1 Luftm 1 M überspringen; ab * stets wiederholen, 5 Stäbchen in eine Einstichstelle, [mit 1 Luftm, 1 M überspringen, 1 Stäbchen] 2x, mit 1 Luftm 1 M überspringen, 3 zusammen abgemaschte Stäbchen.

Die 1.–5. Reihe 1x arbeiten, dann die 2.–5. Reihe stets wiederholen.

HÄKELN NACH HÄKELSCHRIFT

In der Häkelschrift sind Hin- und Rückreihen notiert. Die Maschen sind so bezeichnet, wie sie gearbeitet werden.

In den Hinreihen mit den M vor dem rechten Pfeil beginnen, den Rapport zwischen den Pfeilen stets wiederholen und mit den M nach dem linken Pfeil enden.
In den Rückreihen die M entsprechend von links nach rechts lesen.

Die 1.–5. Reihe 1x arbeiten, dann die 2.–5. Reihe stets wiederholen.

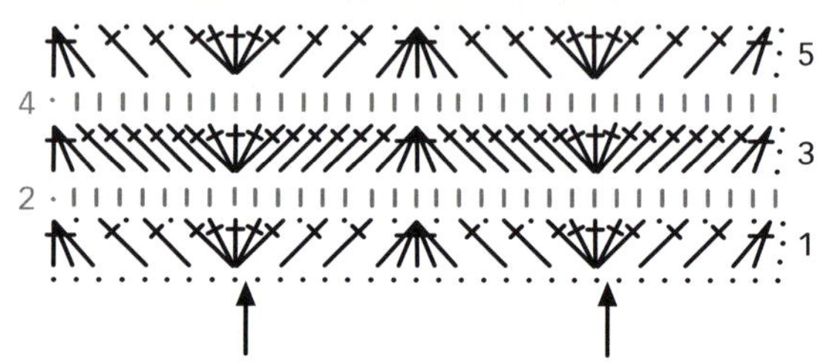

Zeichenerklärung

- · = 1 Luftmasche
- ı = 1 feste Masche
- † = 1 Stäbchen
- = 2 zusammen abgemaschte Stäbchen
- = 3 zusammen abgemaschte Stäbchen
- = 5 zusammen abgemaschte Stäbchen
- = 5 Stäbchen in eine Einstichstelle

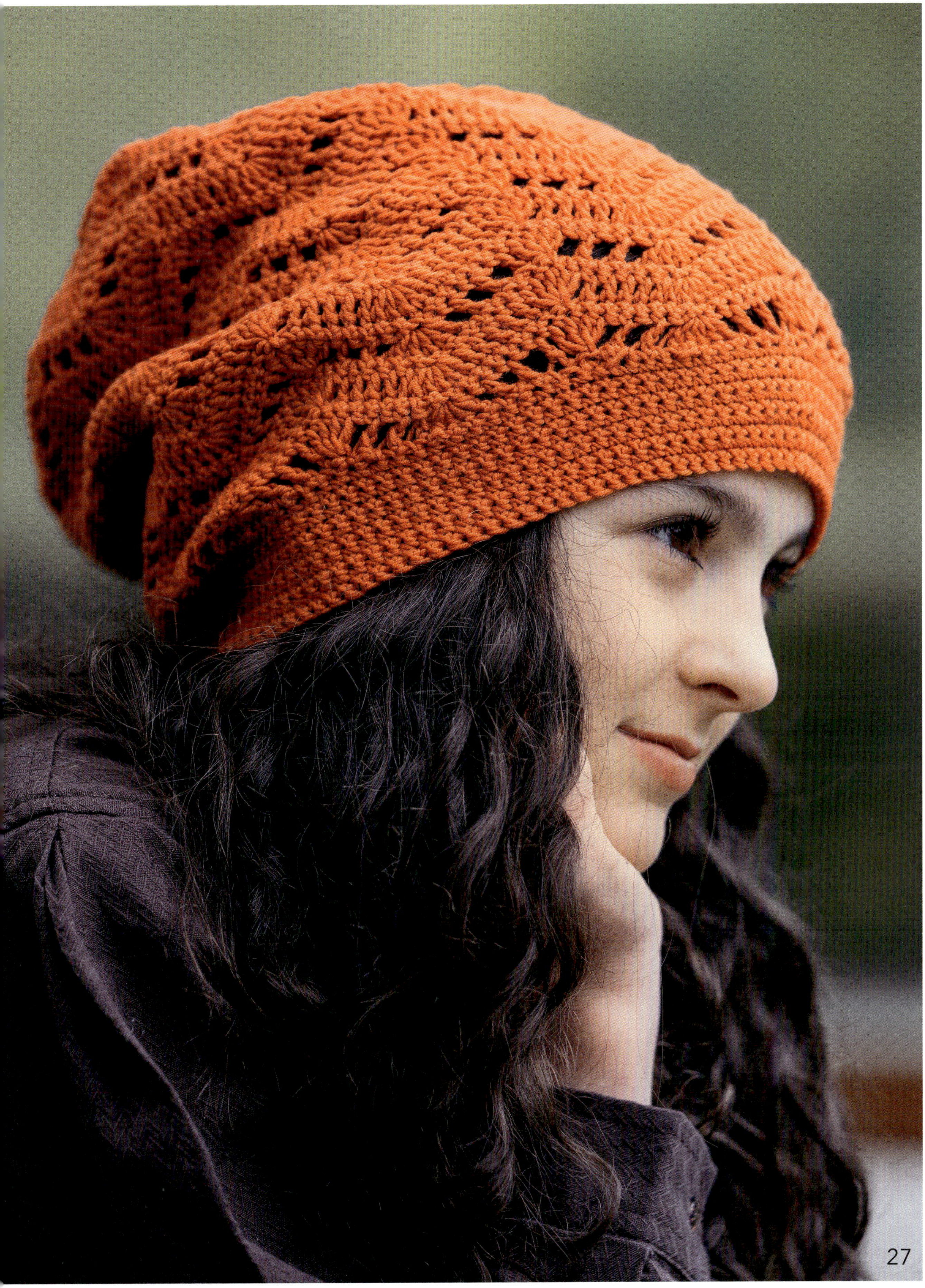

Einfaches Chevronmuster

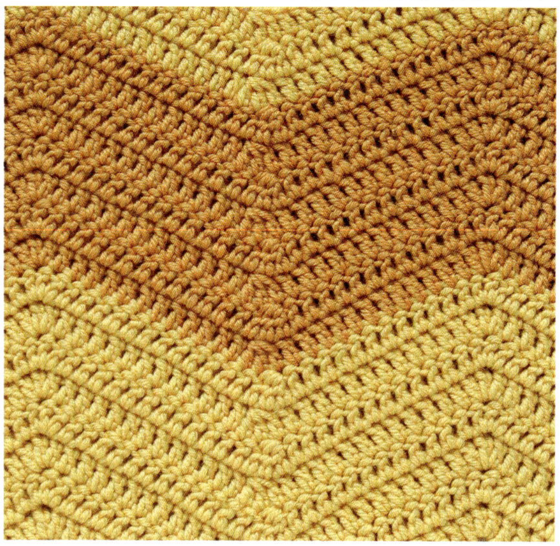

Schwierigkeitsgrad einfach
Kategorie Zackenmuster mit Stäbchen

Maschenzahl teilbar durch 28 + 29 M + 3 Wende-Luftm.

HÄKELN NACH MUSTERBESCHREIBUNG

1. Reihe (Hinreihe): 3 Wende-Luftm, 1 Stäbchen in die 5. M ab Nadel, 12 Stäbchen, * 3 Stäbchen in eine Einstichstelle, 12 Stäbchen, 3 zusammen abgemaschte Stäbchen, 12 Stäbchen; ab * stets wiederholen, 3 Stäbchen in eine Einstichstelle, 12 Stäbchen, 2 zusammen abgemaschte Stäbchen.

2. Reihe (Rückreihe): 3 Wende-Luftm, 13 Stäbchen, 3 Stäbchen in eine Einstichstelle, * 12 Stäbchen, 3 zusammen abgemaschte Stäbchen, 12 Stäbchen, 3 Stäbchen in eine Einstichstelle; ab * stets wiederholen, 12 Stäbchen, 2 zusammen abgemaschte Stäbchen.

3. Reihe: 3 Wende-Luftm, 13 Stäbchen, * 3 Stäbchen in eine Einstichstelle, 12 Stäbchen, 3 zusammen abgemaschte Stäbchen, 12 Stäbchen; ab * stets wiederholen, 3 Stäbchen in eine Einstichstelle, 12 Stäbchen, 2 zusammen abgemaschte Stäbchen.

Die 1.–3. Reihe 1x arbeiten, dann die 2.–3. Reihe stets wiederholen. Nach Wunsch Farbe nach jeder 2., 4. oder 6. Reihe wechseln.

HÄKELN NACH HÄKELSCHRIFT

In der Häkelschrift sind Hin- und Rückreihen notiert. Die Maschen sind so bezeichnet, wie sie gearbeitet werden.

In den Hinreihen mit den M vor dem rechten Pfeil beginnen, den Rapport von 28 M zwischen den Pfeilen stets wiederholen und mit den M nach dem linken Pfeil enden.
In den Rückreihen die M entsprechend von links nach rechts lesen.

Die 1.–3. Reihe 1x arbeiten, dann die 2.–3. Reihe stets wiederholen. Nach Wunsch Farbe nach jeder 2., 4. oder 6. Reihe wechseln.

Für die abgebildete Farbvariante wurde Mais als Farbe A und Kürbis als Farbe B gewählt.

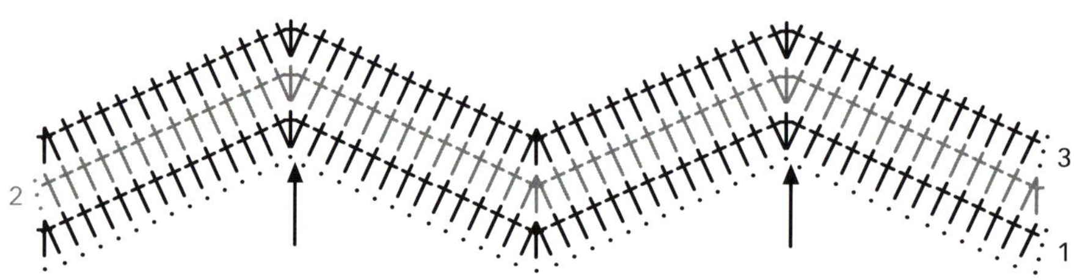

Zeichenerklärung

- · = 1 Luftmasche
- † = 1 Stäbchen
- = 3 Stäbchen in eine Einstichstelle
- = 2 zusammen abgemaschte Stäbchen
- = 3 zusammen abgemaschte Stäbchen

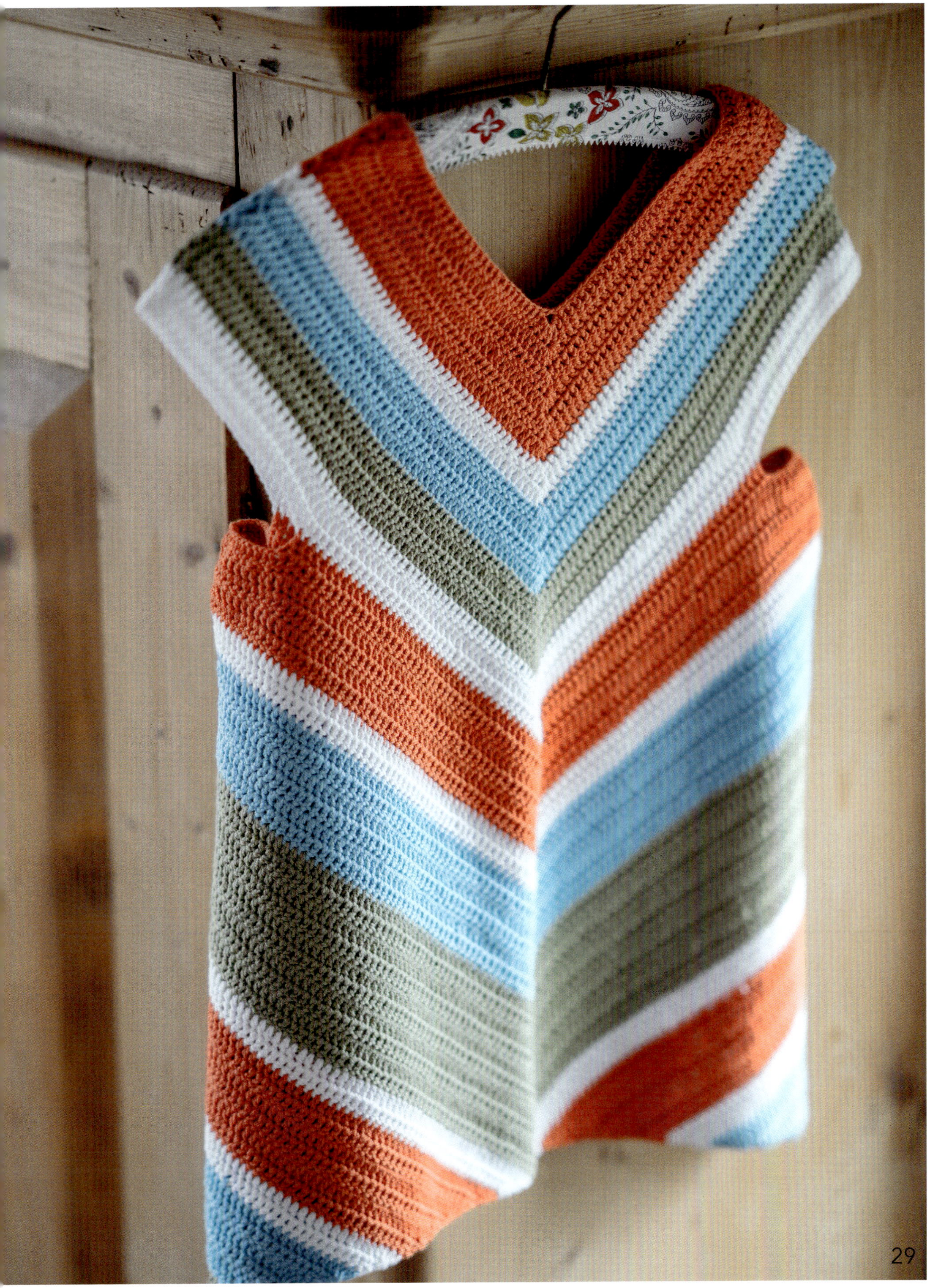

Kleines Chevronmuster

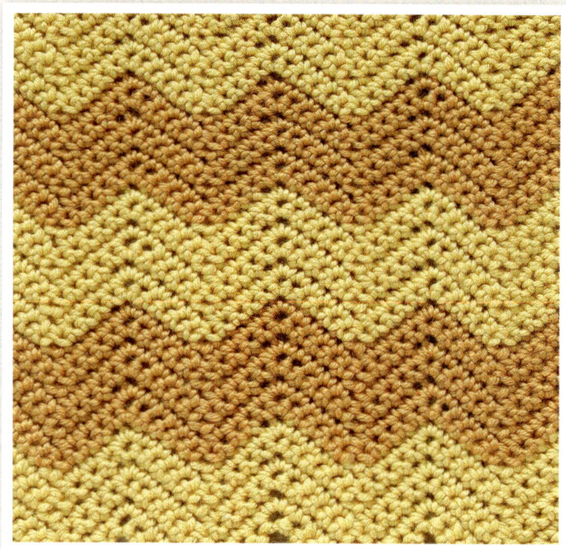

Schwierigkeitsgrad einfach
Kategorie Zackenmuster aus festen Maschen

Maschenzahl teilbar durch 11 + 12 M + 1 Wende-Luftm.

HÄKELN NACH MUSTERBESCHREIBUNG

1. Reihe (Hinreihe): 1 Wende-Luftm, 2 feste M in die 2. M ab Nadel, 4 feste M, 1 M überspringen, * 1 M überspringen, 4 feste M, 3 feste M in eine Einstichstelle, 4 feste M, 1 M überspringen; ab * stets wiederholen, 1 M überspringen, 4 feste M, 2 feste M in eine Einstichstelle.
2. Reihe (Rückreihe): 1 Wende-Luftm, 2 feste M in eine Einstichstelle, 4 feste M, 1 M überspringen, * 1 M überspringen, 4 feste M, 3 feste M in eine Einstichstelle, 4 feste M, 1 M überspringen; ab * stets wiederholen, 1 M überspringen, 4 feste M, 2 feste M in eine Einstichstelle.
3. Reihe: Wie die 2. Reihe arbeiten.

Die 1.–3. Reihe 1x arbeiten, dann die 2.–3. Reihe stets wiederholen. Nach Wunsch Farbe nach jeder 6. Reihe wechseln.

HÄKELN NACH HÄKELSCHRIFT

In der Häkelschrift sind Hin- und Rückreihen notiert. Die Maschen sind so bezeichnet, wie sie gearbeitet werden.

In den Hinreihen mit den M vor dem rechten Pfeil beginnen, den Rapport von 11 M zwischen den Pfeilen stets wiederholen und mit den M nach dem linken Pfeil enden.
In den Rückreihen die M entsprechend von links nach rechts lesen.

Die 1.–3. Reihe 1x arbeiten, dann die 2.–3. Reihe stets wiederholen. Nach Wunsch Farbe nach jeder 6. Reihe wechseln.

Für die abgebildeten Farbvariante wurde Mais als Farbe A und Kürbis als Farbe B gewählt.

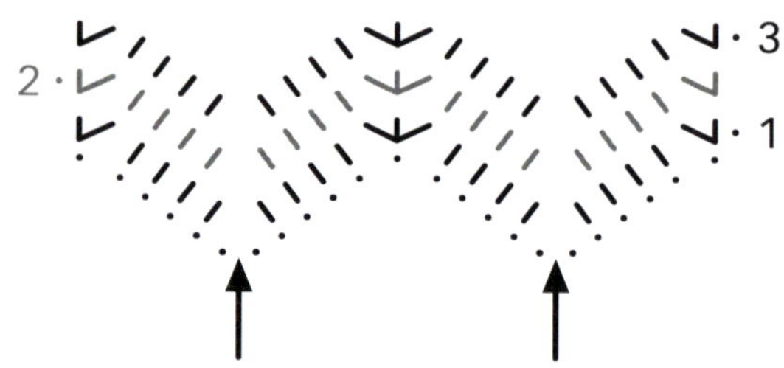

Zeichenerklärung

· = 1 Luftmasche
ı = 1 feste Masche
∨ = 2 feste Maschen in eine Einstichstelle
Ѵ = 3 feste Maschen in eine Einstichstelle

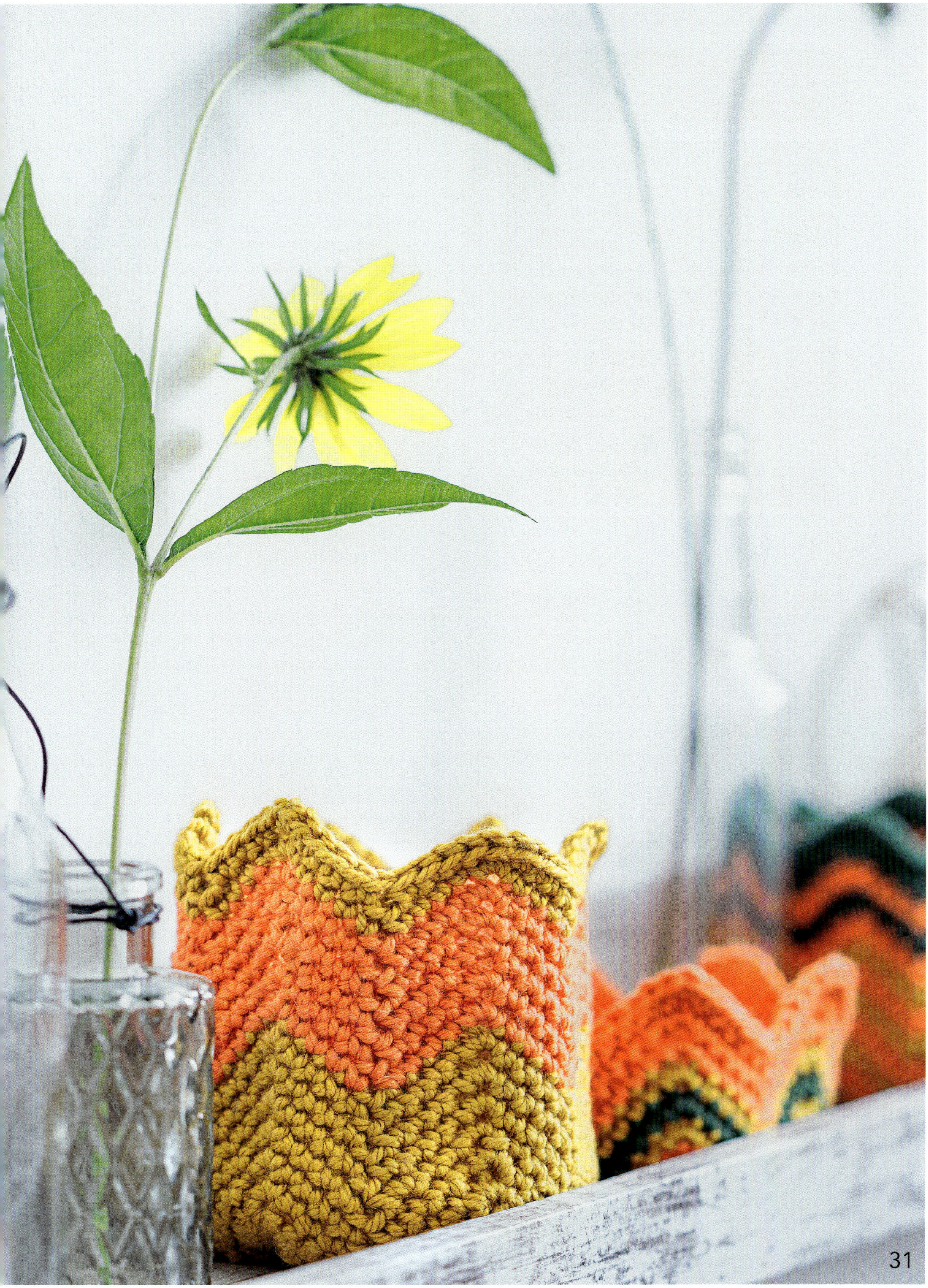

Granny Zackenmuster

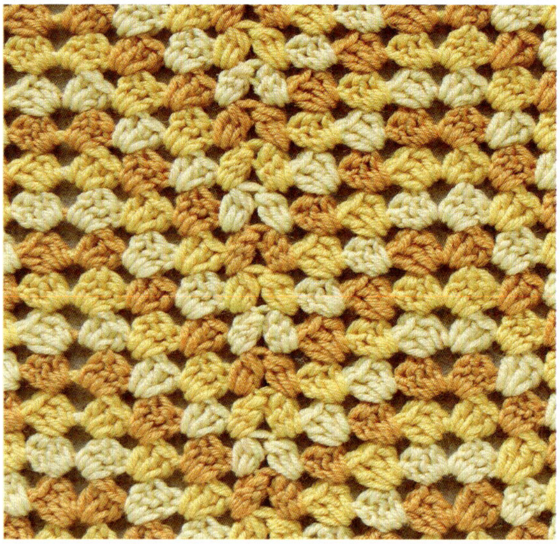

Schwierigkeitsgrad einfach
Kategorie Buntes Noppen-Stäbchenmuster in drei Farben

Maschenzahl teilbar durch 23 + 25 M + 1 Wende-Luftm.

Besondere Maschen:
1 Noppe = 3 zusammen abgemaschte Stäbchen in eine Einstichstelle

HÄKELN NACH MUSTERBESCHREIBUNG

1. Reihe (Hinreihe, Farbe A): 1 Wende-Luftm, 1 feste M in die 2. M ab Nadel, alle weiteren M als feste M häkeln.
2. Reihe (Rückreihe, Farbe B): 3 Wende-Luftm, [2 M überspringen, 3 Stäbchen in eine Einstichstelle] 3x, 3 Stäbchen zwischen die 2. und 3. M, 3 Luftm, * 3 Stäbchen zwischen die 1. und 2. M, [2 M überspringen, 3 Stäbchen in eine Einstichstelle] 2x, 2 M überspringen, 1 Noppe, 4 M überspringen, 1 Noppe, [2 M überspringen, 3 Stäbchen in eine Einstichstelle] 2x, 3 Stäbchen zwischen die 2. und 3. M, 3 Luftm; ab * stets wiederholen, 3 Stäbchen zwischen die 1. und 2. M, [2 M überspringen, 3 Stäbchen in eine Einstichstelle] 3x, 2 M überspringen, 1 Stäbchen.
3. Reihe (Farbe C): 3 Wende-Luftm, [3 Stäbchen zwischen 2 Stäbchen-Gruppen] 3x, 3 Stäbchen in den Luftm-Bogen, * 3 Luftm, 3 Stäbchen in den Luftm-Bogen, [3 Stäbchen zwischen 2 Stäbchen-Gruppen] 2x, 1 Noppe zwischen Stäbchen-Gruppe und Noppe, 1 Noppe zwischen Noppe und Stäbchen-Gruppe, [3 Stäbchen zwischen 2 Stäbchen-Gruppen] 2x, 3 Stäbchen in den Luftm-Bogen; ab * stets wiederholen, 3 Luftm, 3 Stäbchen in den Luftm-Bogen, [3 Stäbchen zwischen 2 Stäbchen-Gruppen] 3x, 1 Stäbchen zwischen die Stäbchen-Gruppe und die Wende-Luftm.

Die 1.–3. Reihe 1x arbeiten, dann die 2.–3. Reihe stets wiederholen, dabei in der Farbfolge arbeiten.

Farbfolge: * Je 1 Reihe in Farbe A, Farbe B, Farbe C; ab * stets wiederholen.

HÄKELN NACH HÄKELSCHRIFT

In der Häkelschrift sind Hin- und Rückreihen notiert. Die Maschen sind so bezeichnet, wie sie gearbeitet werden.

In den Hinreihen mit den M vor dem rechten Pfeil beginnen, den Rapport von 23 M zwischen den Pfeilen stets wiederholen und mit den M nach dem linken Pfeil enden.
In den Rückreihen die M entsprechend von links nach rechts lesen.

Die 1.–3. Reihe 1x arbeiten, dann die 2.–3. Reihe stets wiederholen, dabei in der Farbfolge arbeiten.

Farbfolge: * Je 1 Reihe in Farbe A, Farbe B, Farbe C; ab * stets wiederholen.

Für die abgebildete Farbvariante wurde Mais als Farbe A, Kürbis als Farbe B und Weizen als Farbe C gewählt.

Zeichenerklärung

- · = 1 Luftmasche
- ı = 1 feste Masche
- † = 1 Stäbchen
- (Symbol) = 3 Stäbchen in eine Einstichstelle, ab der 3. Reihe 3 Stäbchen zwischen 2 Stäbchen-Gruppen der Vorreihe

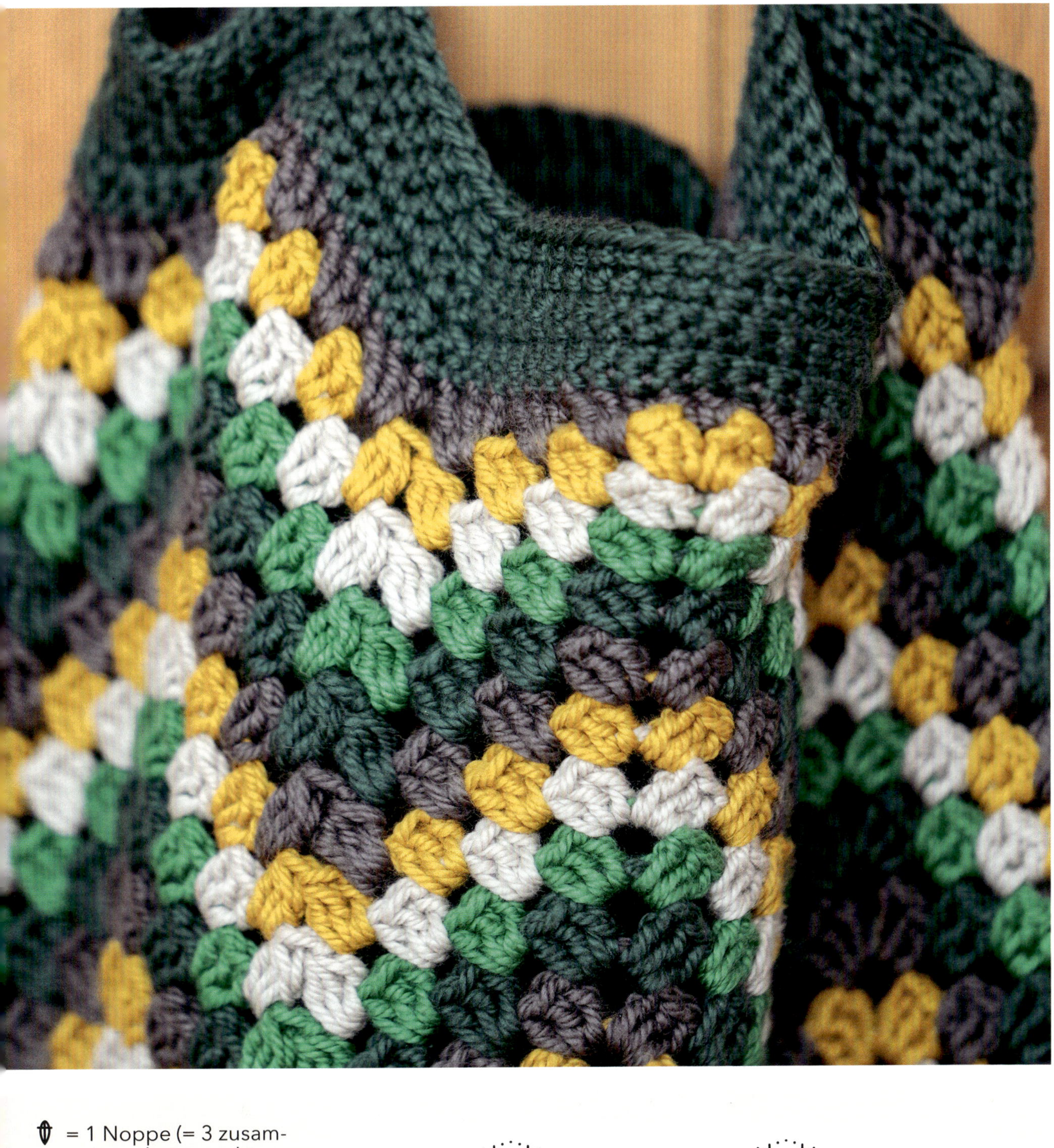

= 1 Noppe (= 3 zusammen abgemaschte Stäbchen in eine Einstichstelle, ab der 3. Reihe 3 zusammen abgemaschte Stäbchen zwischen Stäbchen-Gruppe und Noppe, beziehungsweise zwischen Noppe und Stäbchen-Gruppe der Vorreihe)

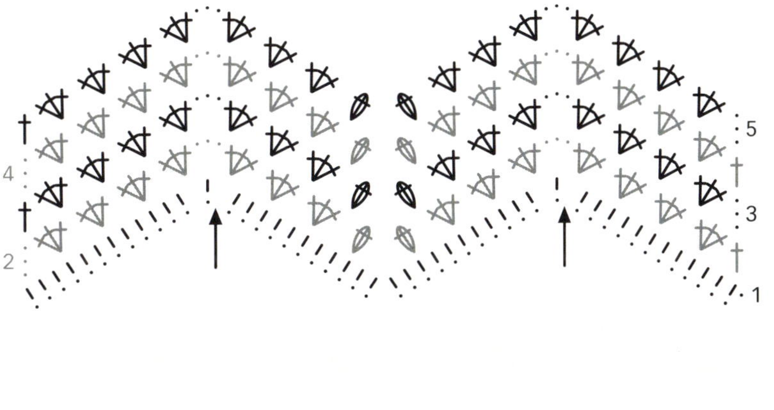

Dichte Reliefzacken

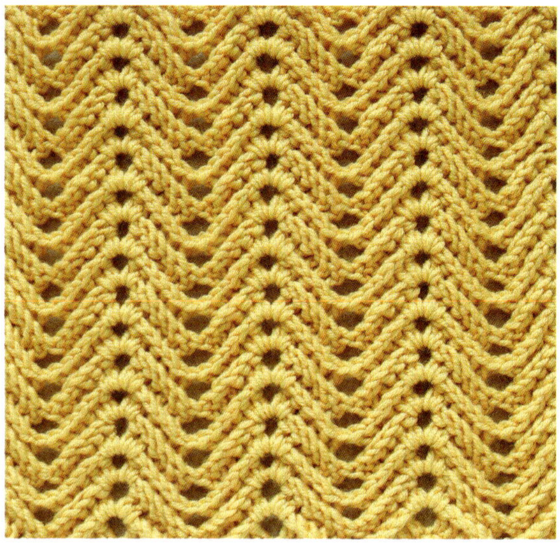

Schwierigkeitsgrad einfach
Kategorie Zackenmuster mit Reliefstäbchen

Maschenzahl teilbar durch 14 + 3 Wende-Luftm.

HÄKELN NACH MUSTERBESCHREIBUNG

1. Reihe (Hinreihe): 3 Wende-Luftm, 1 Luftm, 1 Stäbchen in die 5. M ab Nadel, 5 Stäbchen, 1 M überspringen, * 1 M überspringen, 6 Stäbchen, 2 Luftm, 6 Stäbchen, 1 M überspringen; ab * stets wiederholen, 1 M überspringen, 5 Stäbchen, (1 Stäbchen, 1 Luftm, 1 Stäbchen) in die letzte M.
2. Reihe (Rückreihe): 3 Wende-Luftm, 1 Luftm, 2 Stäbchen um die Luftm der Vorreihe, 4 Relief-Stäbchen von vorne (= 1 Umschlag auf die Nadel nehmen, von vorne nach hinten und wieder nach vorne um das Stäbchen der Vorreihe herumstechen und 1 Stäbchen häkeln), 2 M überspringen, * 2 M überspringen, 4 Relief-Stäbchen von vorne, (2 Stäbchen, 2 Luftm, 2 Stäbchen) in den Luftm-Bogen der Vorreihe, 4 Relief-Stäbchen von vorne, 2 M überspringen; ab * stets wiederholen, 2 M überspringen, 4 Relief-Stäbchen von vorne, (2 Stäbchen, 1 Luftm, 1 Stäbchen) um die Luftm der Vorreihe.
3. Reihe: 3 Wende-Luftm, 1 Luftm, 2 Stäbchen um die Luftm der Vorreihe, 4 Relief-Stäbchen von hinten (= 1 Umschlag auf die Nadel nehmen, von hinten nach vorne und wieder nach hinten um das Stäbchen der Vorreihe herumstechen und 1 Stäbchen häkeln), 2 M überspringen, * 2 M überspringen, 4 Relief-Stäbchen von hinten, (2 Stäbchen, 2 Luftm, 2 Stäbchen) um den Luftm-Bogen der Vorreihe, 4 Relief-Stäbchen von hinten, 2 M überspringen; ab * stets wiederholen, 2 M überspringen, 4 Relief-Stäbchen von hinten, (2 Stäbchen, 1 Luftm, 1 Stäbchen) um den Luftm-Bogen der Vorreihe.

Die 1.–3. Reihe 1x arbeiten, dann die 2.–3. Reihe stets wiederholen.

HÄKELN NACH HÄKELSCHRIFT

In der Häkelschrift sind Hin- und Rückreihen notiert. Die Maschen sind so bezeichnet, wie sie gearbeitet werden.

In den Hinreihen mit den M vor dem rechten Pfeil beginnen, den Rapport von 14 M zwischen den Pfeilen stets wiederholen und mit den M nach dem linken Pfeil enden.
In den Rückreihen die M entsprechend von links nach rechts lesen.

Die 1.–3. Reihe 1x arbeiten, dann die 2.–3. Reihe stets wiederholen.

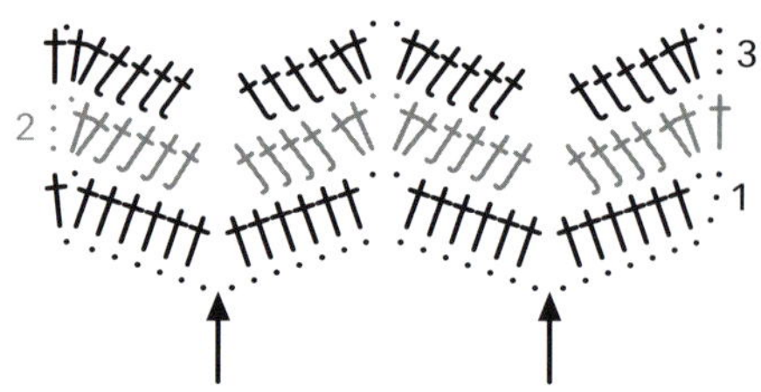

Zeichenerklärung

· = 1 Luftmasche
† = 1 Stäbchen
ʈ = 1 Reliefstäbchen von vorne (= 1 Umschlag auf die Nadel nehmen, von vorne nach hinten und wieder nach vorne um das Stäbchen der Vorreihe herumstechen und 1 Stäbchen häkeln)
ƚ = 1 Reliefstäbchen von hinten (= 1 Umschlag auf die Nadel nehmen, von hinten nach vorne und wieder nach hinten um das Stäbchen der Vorreihe herumstechen und 1 Stäbchen häkeln)

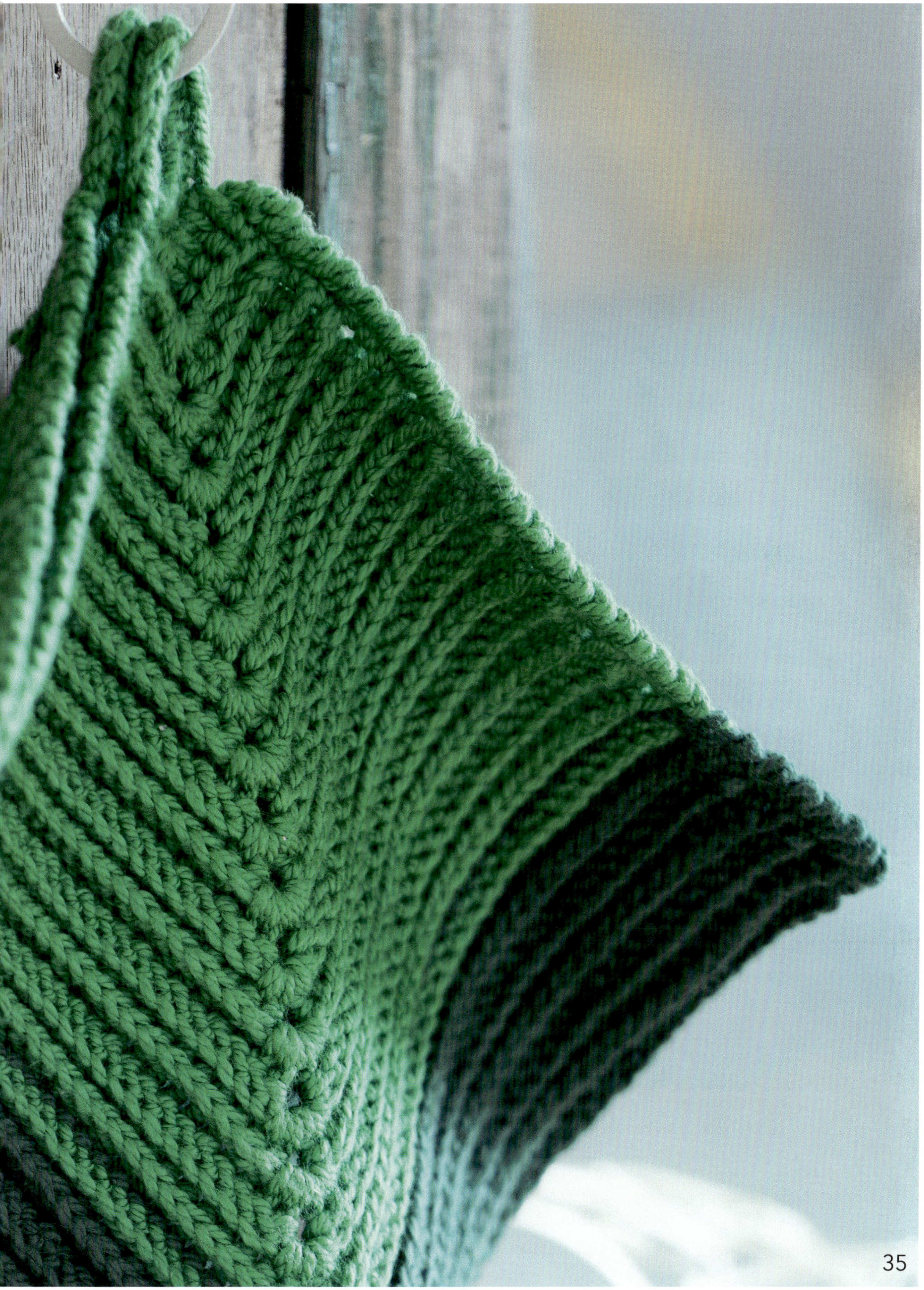

Jacquardmuster

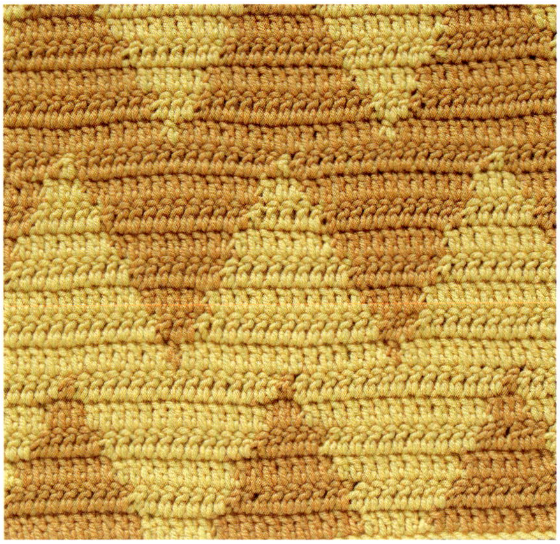

Schwierigkeitsgrad mittel
Kategorie Jacquardmuster mit Stäbchen in zwei Farben

Maschenzahl teilbar durch 16 + 2 M + 3 Wende-Luftm.

Hinweis: Den nicht in Arbeit befindlichen Faden mitführen und die Stäbchen um den mitgeführten Faden arbeiten. Somit sind keine Spannfäden sichtbar und das Muster kann von beiden Seiten verwendet werden.

HÄKELN NACH MUSTERBESCHREIBUNG

1. Reihe (Hinreihe): In Farbe A: 3 Wende-Luftm, 1 Stäbchen in die 4. M ab Nadel, * in Farbe A: 2 Stäbchen, in Farbe B: 11 Stäbchen, in Farbe A: 3 Stäbchen; ab * stets wiederholen, in Farbe A: 1 Stäbchen.
2. Reihe (Rückreihe): In Farbe A: 3 Wende-Luftm, * in Farbe A: 4 Stäbchen, in Farbe B: 9 Stäbchen, in Farbe A: 3 Stäbchen; ab * stets wiederholen, in Farbe A: 2 Stäbchen.
3. Reihe: In Farbe A: 3 Wende-Luftm, 1 Stäbchen, * 4 Stäbchen, in Farbe B: 7 Stäbchen, in Farbe A: 5 Stäbchen; ab * stets wiederholen, in Farbe A: 1 Stäbchen.
4. Reihe: In Farbe A: 3 Wende-Luftm, * in Farbe A: 6 Stäbchen, in Farbe B: 5 Stäbchen, in Farbe A: 5 Stäbchen; ab * stets wiederholen, in Farbe A: 2 Stäbchen.
5. Reihe: In Farbe A: 3 Wende-Luftm, 1 Stäbchen, * in Farbe A: 6 Stäbchen, in Farbe B: 3 Stäbchen, in Farbe A: 7 Stäbchen; ab * stets wiederholen, in Farbe A: 1 Stäbchen.
6. Reihe: In Farbe A: 3 Wende-Luftm, * 8 Stäbchen, in Farbe B: 1 Stäbchen, in Farbe A: 7 Stäbchen; ab * stets wiederholen, in Farbe A: 2 Stäbchen.
7. Reihe: In Farbe B: 3 Wende-Luftm, 1 Stäbchen, * in Farbe A: 15 Stäbchen, in Farbe B: 1 Stäbchen; ab * stets wiederholen, in Farbe B: 1 Stäbchen.
8. Reihe: In Farbe B: 3 Wende-Luftm, * in Farbe B: 2 Stäbchen, in Farbe A: 13 Stäbchen, in Farbe B: 1 Stäbchen; ab * stets wiederholen, in Farbe B: 2 Stäbchen.
9. Reihe: In Farbe B: 3 Wende-Luftm, 1 Stäbchen, * in Farbe B: 2 Stäbchen, in Farbe A: 11 Stäbchen, in Farbe B: 3 Stäbchen; ab * stets wiederholen, in Farbe B: 1 Stäbchen.
10. Reihe: In Farbe B: 3 Wende-Luftm, * 4 Stäbchen, in Farbe A: 9 Stäbchen, in Farbe B: 3 Stäbchen; ab * stets wiederholen, in Farbe B: 2 Stäbchen.
11. Reihe: In Farbe B: 3 Wende-Luftm, 1 Stäbchen, * in Farbe B: 4 Stäbchen, in Farbe A: 7 Stäbchen, in Farbe B: 5 Stäbchen; ab * stets wiederholen, in Farbe B: 1 Stäbchen.
12. Reihe: In Farbe B: 3 Wende-Luftm, * in Farbe B: 6 Stäbchen, in Farbe A: 5 Stäbchen, in Farbe B: 5 Stäbchen; ab * stets wiederholen, in Farbe B: 2 Stäbchen.
13. Reihe: In Farbe B: 3 Wende-Luftm, 1 Stäbchen, * in Farbe B: 6 Stäbchen, in Farbe A: 3 Stäbchen, in Farbe B: 7 Stäbchen; ab * stets wiederholen, in Farbe B: 1 Stäbchen.
14. Reihe: In Farbe B: 3 Wende-Luftm, * 8 Stäbchen, in Farbe A: 1 Stäbchen, in Farbe B: 7 Stäbchen; ab * stets wiederholen, in Farbe B: 2 Stäbchen.
15. Reihe: In Farbe A: 3 Wende-Luftm, 1 Stäbchen, * in Farbe B: 15 Stäbchen, in Farbe A: 1 Stäbchen; ab * stets wiederholen, in Farbe A: 1 Stäbchen.
16. Reihe: In Farbe A: 3 Wende-Luftm, * in Farbe A: 2 Stäbchen, in Farbe B: 13 Stäbchen, in Farbe A: 1 Stäbchen; ab * stets wiederholen, in Farbe A: 2 Stäbchen.
17. Reihe: In Farbe A: 3 Wende-Luftm, 1 Stäbchen, * in Farbe A: 2 Stäbchen, Farbe B: 11 Stäbchen, in Farbe A: 3 Stäbchen; ab * stets wiederholen, in Farbe A: 1 Stäbchen.

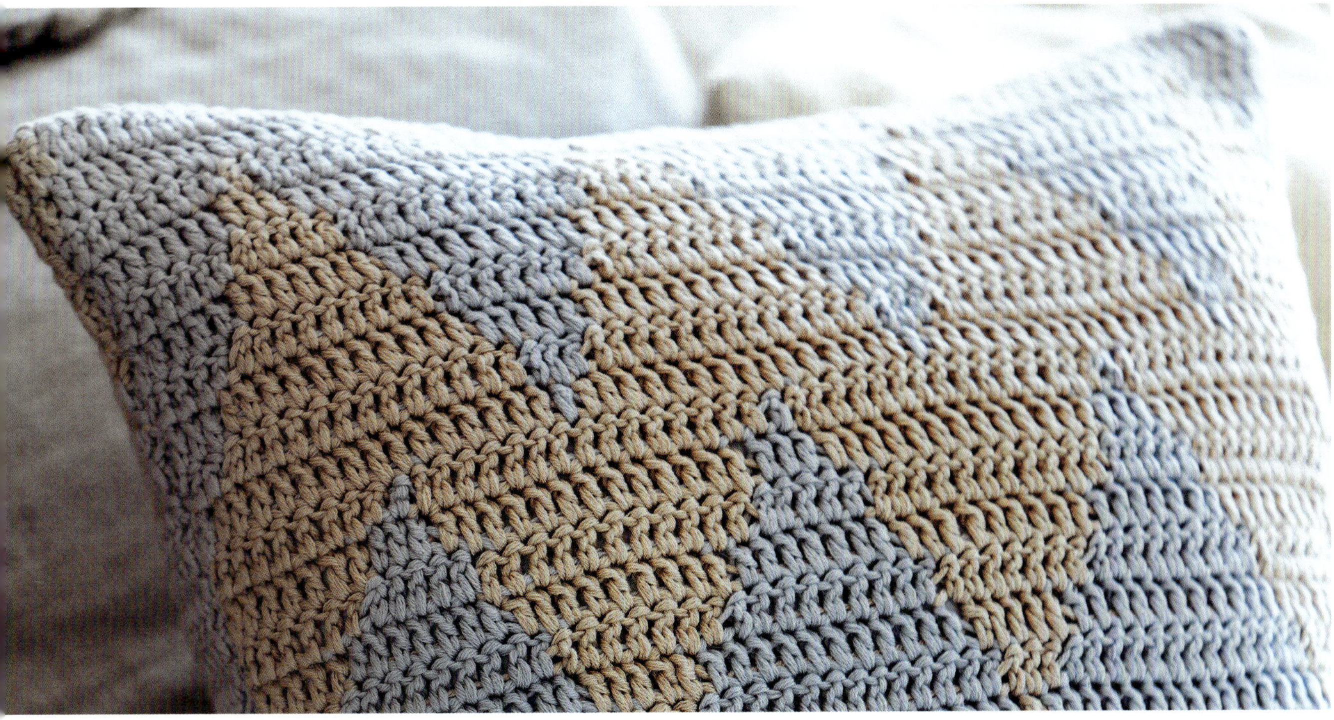

Die 1.-17. Reihe 1x arbeiten, dann die 2. - 17. Reihe stets wiederholen.

HÄKELN NACH HÄKELSCHRIFT

In der Häkelschrift sind Hin- und Rückreihen notiert. Die Maschen sind so bezeichnet, wie sie gearbeitet werden.

In den Hinreihen mit den M vor dem rechten Pfeil beginnen, den Rapport von 16 M zwischen den Pfeilen stets wiederholen und mit der M nach dem linken Pfeil enden.
In den Rückreihen die M entsprechend von links nach rechts lesen.

Die 1. - 16. Reihe stets wiederholen, dabei den nicht in Arbeit befindlichen Faden mitführen und die Stäbchen in der 2. Farbe um den mitgeführten Faden arbeiten. Somit sind keine Spannfäden sichtbar und das Muster kann von beiden Seiten verwendet werden.

Für die abgebildete Farbvariante wurde Mais als Farbe A und Kürbis als Farbe B gewählt.

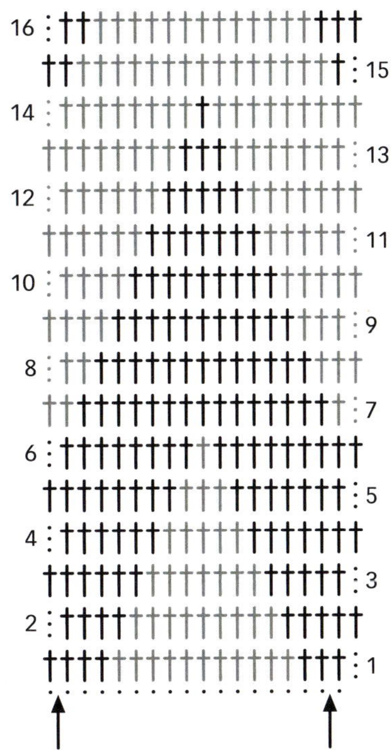

Zeichenerklärung

· = 1 Luftmasche in Farbe A
· = 1 Luftmasche in Farbe B
† = 1 Stäbchen in Farbe A
† = 1 Stäbchen in Farbe B

Chevronmuster mit Noppen

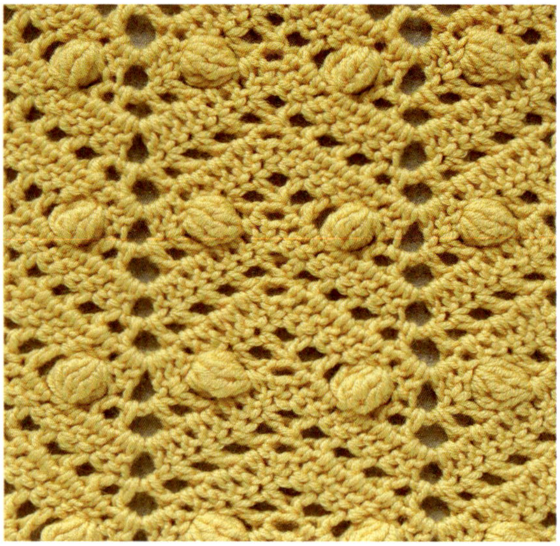

Schwierigkeitsgrad mittel
Kategorie Zackenmuster mit Noppen

Maschenzahl teilbar durch 20 + 21 M + 3 Wende-Luftm.

Besondere Maschen:
1 Noppe = 5 zusammen abgemaschte Stäbchen in eine Einstichstelle

HÄKELN NACH MUSTERBESCHREIBUNG

1. Reihe (Hinreihe): 3 Wende-Luftm, 1 Stäbchen in die 6. M ab Nadel, [mit 1 Luftm 1 M überspringen, 1 Stäbchen] 4x, 3 Luftm, 1 Stäbchen in die gleiche Einstichstelle wie das letzte Stäbchen, * [mit 1 Luftm 1 M überspringen, 1 Stäbchen] 3x, mit 1 Luftm 1 M überspringen, 1 halb abgemaschtes Stäbchen, 3 M überspringen, 1 halb abgemaschtes Stäbchen, Faden holen und beide Schlingen zusammen abmaschen (= 2 zusammen abgemaschte Stäbchen), [mit 1 Luftm 1 M überspringen, 1 Stäbchen] 4x, 3 Luftm, 1 Stäbchen in die gleiche Einstichstelle wie das letzte Stäbchen; ab * stets wiederholen, [mit 1 Luftm 1 M überspringen, 1 Stäbchen] 4x, 1 M überspringen, 1 halb abgemaschtes Stäbchen, Faden holen und beide Schlingen zusammen abmaschen.

2. Reihe (Rückreihe) und alle weiteren Rückreihen: 3 Wende-Luftm, 1 M überspringen, 7 Stäbchen, * (2 Stäbchen, 3 Luftm, 2 Stäbchen) in den Luftm-Bogen, 6 Stäbchen, 1 halb abgemaschtes Stäbchen, 3 M überspringen, 1 halb abgemaschtes Stäbchen, Faden holen und beide Schlingen zusammen abmaschen, 6 Stäbchen; ab * stets wiederholen, (2 Stäbchen, 3 Luftm, 2 Stäbchen) in den Luftm-Bogen, 6 Stäbchen, 1 halb abgemaschtes Stäbchen, 1 M überspringen, 1 halb abgemaschtes Stäbchen, Faden holen und beide Schlingen zusammen abmaschen.

3. Reihe: 3 Wende-Luftm, 1 M überspringen, [1 Stäbchen, mit 1 Luftm 1 M überspringen] 2x, 1 Noppe, mit 1 Luftm 1 M überspringen, 1 Stäbchen, 1 Luftm, (1 Stäbchen, 3 Luftm, 1 Stäbchen) in den Luftm-Bogen, * 1 Luftm, 1 Stäbchen, mit 1 Luftm 1 M überspringen, 1 Noppe, mit 1 Luftm 1 M überspringen, 1 Stäbchen, mit 1 Luftm 1 M überspringen, 1 halb abgemaschtes Stäbchen, 3 M überspringen, 1 halb abgemaschtes Stäbchen, Faden holen und beide Schlingen zusammen abmaschen, mit 1 Luftm 1 M überspringen, 1 Stäbchen, mit 1 Luftm 1 M überspringen, 1 Noppe, mit 1 Luftm 1 M überspringen, 1 Stäbchen, 1 Luftm, (1 Stäbchen, 3 Luftm, 1 Stäbchen) in den Luftm-Bogen; ab * stets wiederholen, 1 Luftm, 1 Stäbchen, mit 1 Luftm 1 M überspringen, 1 Noppe, mit 1 Luftm 1 M überspringen, 1 Stäbchen, mit 1 Luftm 1 M überspringen, 1 halb abgemaschtes Stäbchen, 1 M überspringen, 1 halb abgemaschtes Stäbchen, Faden holen und beide auf der Nadel liegenden Schlingen zusammen abmaschen.

5. Reihe: 3 Wende-Luftm, 1 M überspringen, 1 Stäbchen, [mit 1 Luftm 1 M überspringen, 1 Stäbchen] 4x, 3 Luftm, 1 Stäbchen in die gleiche Einstichstelle wie das letzte Stäbchen, * [mit 1 Luftm 1 M überspringen, 1 Stäbchen] 3x, mit 1 Luftm 1 M überspringen, 1 halb abgemaschtes Stäbchen, 3 M überspringen, 1 halb abgemaschtes Stäbchen, Faden holen und beide Schlingen zusammen abmaschen, [mit 1 Luftm 1 M überspringen, 1 Stäbchen] 4x, 3 Luftm, 1 Stäbchen in die gleiche Einstichstelle wie das letzte Stäbchen; ab * stets wiederholen, [mit 1 Luftm 1 M überspringen, 1 Stäbchen] 4x, 1 M überspringen, 1 halb abgemaschtes Stäbchen, Faden holen und beide Schlingen zusammen abmaschen.

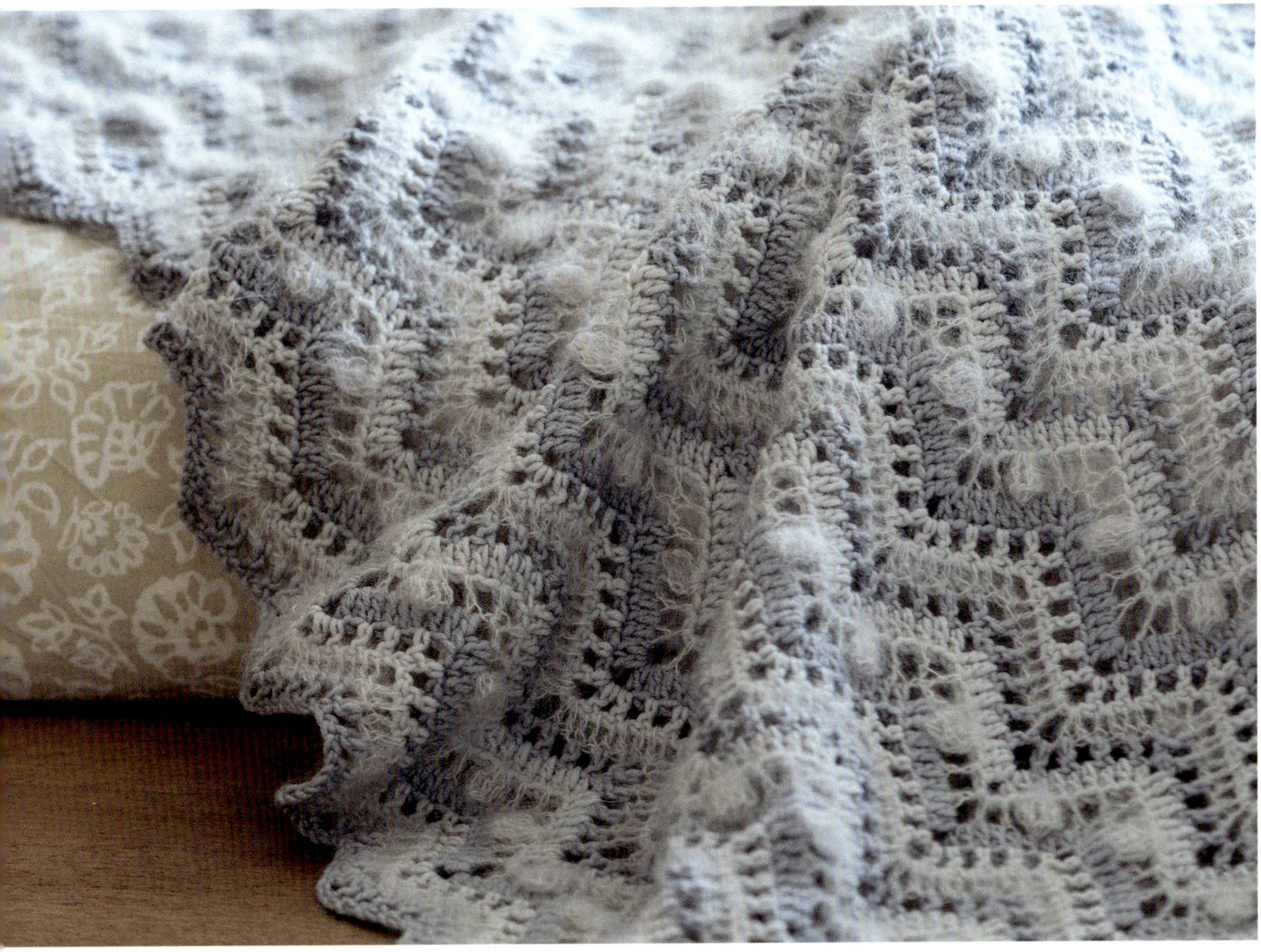

7. Reihe: Wie die 5. Reihe arbeiten.

Die 1.–7. Reihe 1x arbeiten, dann die 2.–7. Reihe stets wiederholen.

HÄKELN NACH HÄKELSCHRIFT

In der Häkelschrift sind Hin- und Rückreihen notiert. Die Maschen sind so bezeichnet, wie sie gearbeitet werden.

<u>In den Hinreihen</u> mit den M vor dem rechten Pfeil beginnen, den Rapport von 20 M zwischen den Pfeilen stets wiederholen und mit den M nach dem linken Pfeil enden.
<u>In den Rückreihen</u> die M entsprechend von links nach rechts lesen.

Die 1.–7. Reihe 1x arbeiten, dann die 2.–7. stets wiederholen.

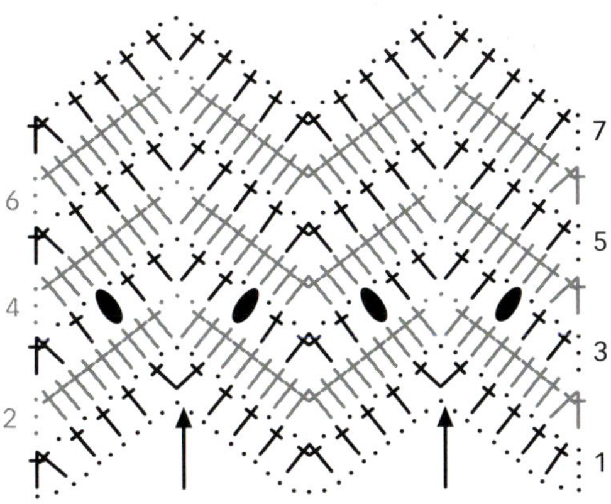

Zeichenerklärung

· = 1 Luftmasche

† = 1 Stäbchen

⋏ = 2 zusammen abgemaschte Stäbchen

⬮ = 1 Noppe (= 5 zusammen abgemaschte Stäbchen in eine Einstichstelle)

Buntes Chevronmuster

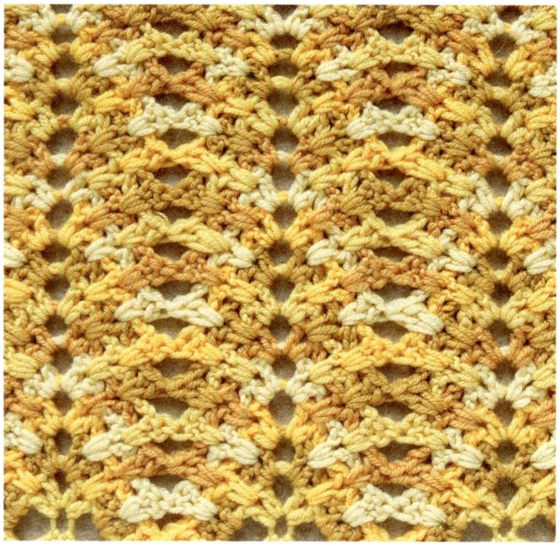

Schwierigkeitsgrad: mittel
Kategorie: Zackenmuster in fünf Farben mit tiefergestochenen Stäbchen und Luftmaschen.

Maschenzahl teilbar durch 20 + 21 M + 3 Wende-Luftm.

HÄKELN NACH MUSTERBESCHREIBUNG

1. Reihe (Hinreihe): 3 Wende-Luftm, 2 Stäbchen in die 6. M ab Nadel, mit 3 Luftm 3 M überspringen, 2 Stäbchen in die folgende M, mit 3 Luftm 3 M überspringen, * 2 Stäbchen in die folgende M, 3 Luftm, 2 Stäbchen in die gleiche Einstichstelle wie zuvor, [mit 3 Luftm 3 M überspringen, 2 Stäbchen in die folgende M] 2x, 3 M überspringen, 2 Stäbchen in die folgende M, mit 3 Luftm 3 M überspringen, 2 Stäbchen in die folgende M, mit 3 Luftm 3 M überspringen; ab * stets wiederholen, 2 Stäbchen in die folgende M, 3 Luftm, 2 Stäbchen in die gleiche Einstichstelle wie zuvor, [mit 3 Luftm 3 M überspringen, 2 Stäbchen in die folgende M] 2x, 1 M überspringen, 1 Stäbchen.
2. Reihe (Rückreihe): 3 Wende-Luftm, 2 Stäbchen um den Luftm-Bogen, [3 Luftm, 2 Stäbchen um den Luftm-Bogen] 2x, 3 Luftm, 2 Stäbchen um den gleichen Luftm-Bogen, * [3 Luftm, 2 Stäbchen um den Luftm-Bogen] 2x, 2 Stäbchen um den Luftm-Bogen, [3 Luftm, 2 Stäbchen um den Luftm-Bogen] 2x, 3 Luftm, 2 Stäbchen um den gleichen Luftm-Bogen; ab * stets wiederholen, [3 Luftm, 2 Stäbchen um den Luftm-Bogen] 2x, 1 Stäbchen in die letzte Wende-Luftm.
3. Reihe: 3 Wende-Luftm, [2 tiefer gestochene Stäbchen (= zwischen die Stäbchen der vorletzten R 2 Stäbchen häkeln, dabei den darüber liegenden Luftm-Bogen umfassen), 3 Luftm] 2x, * 2 Stäbchen um den Luftm-Bogen, 3 Luftm, 2 Stäbchen um den gleichen Luftm-Bogen, [3 Luftm, 2 tiefer gestochene Stäbchen] 2x [2 tiefer gestochene Stäbchen, 3 Luftm] 2x; ab * stets wiederholen, 2 Stäbchen um den Luftm-Bogen, 3 Luftm, 2 Stäbchen um den gleichen Luftm-Bogen, [3 Luftm, 2 tiefer gestochene Stäbchen] 2x, 1 Stäbchen in die letzte Wende-Luftm.
4. Reihe: 3 Wende-Luftm, [2 tiefer gestochene Stäbchen, 3 Luftm] 2x, 2 Stäbchen um den Luftm-Bogen, 3 Luftm, 2 Stäbchen um den gleichen Luftm-Bogen, * [3 Luftm, 2 tiefer gestochene Stäbchen] 2x, [2 tiefer gestochene Stäbchen, 3 Luftm] 2x, 2 Stäbchen um den Luftm-Bogen, 3 Luftm, 2 Stäbchen um den gleichen Luftm-Bogen; ab * stets wiederholen, [3 Luftm, 2 tiefer gestochene Stäbchen] 2x, 1 Stäbchen in die letzte Wende-Luftm.

Die 1.–4. Reihe 1x arbeiten, dann die 3.–4. Reihe stets wiederholen, dabei in der Farbfolge arbeiten.

Farbfolge: * Je 1 Reihe in Farbe A, Farbe B, Farbe C, Farbe D und Farbe E; ab * stets wiederholen.

HÄKELN NACH HÄKELSCHRIFT

In der Häkelschrift sind Hin- und Rückreihen notiert. Die Maschen sind so bezeichnet, wie sie gearbeitet werden.

In den Hinreihen mit den M vor dem rechten Pfeil beginnen, den Rapport von 20 M zwischen den Pfeilen stets wiederholen und mit den M nach dem linken Pfeil enden.
In den Rückreihen die M entsprechend von links nach rechts lesen.

Die 1.–4. Reihe 1x arbeiten, dann die 3.–4. Reihe stets wiederholen.

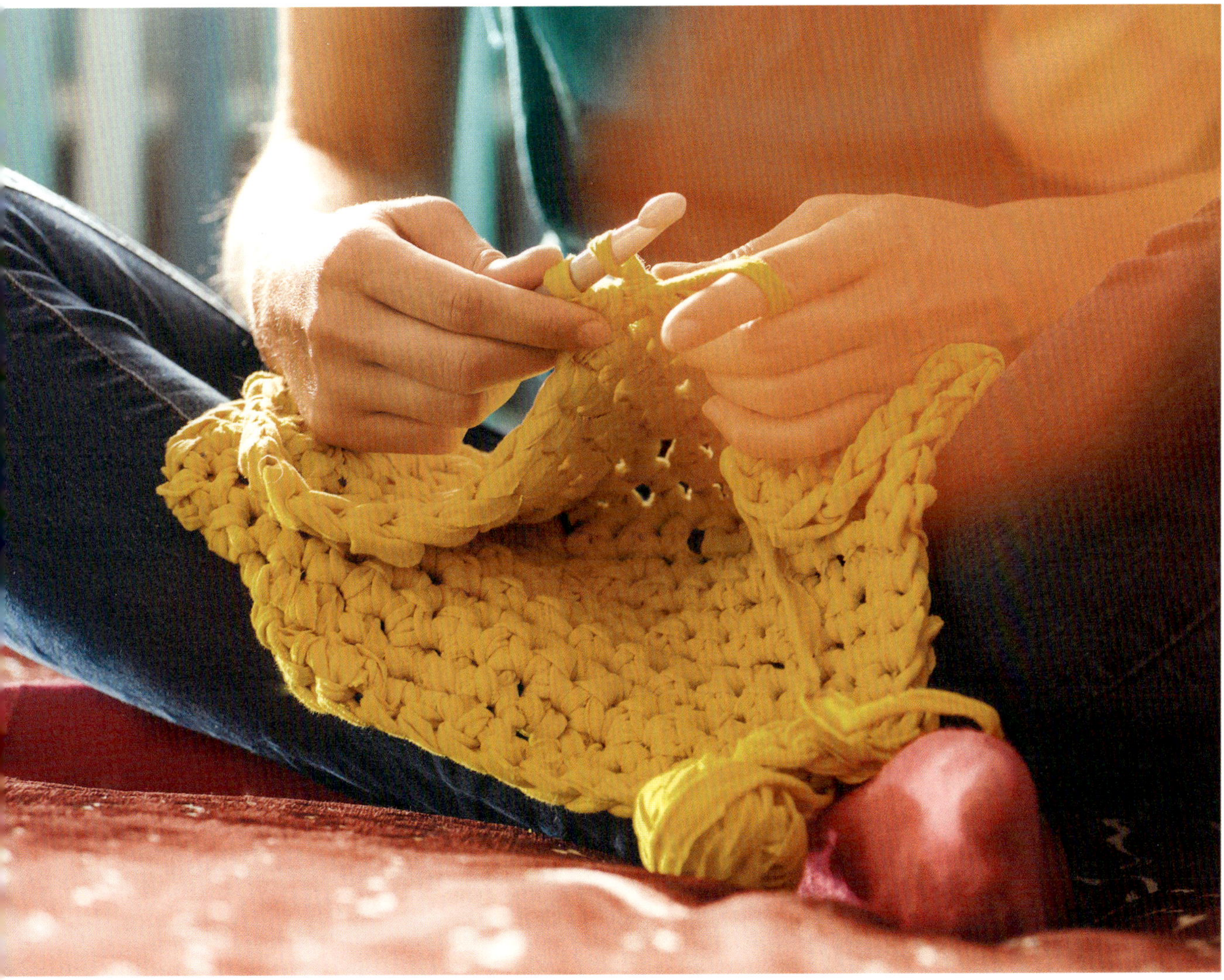

Farbfolge: * Je 1 Reihe in Farbe A, Farbe B, Farbe C, Farbe D und Farbe E; ab * stets wiederholen.

Für die abgebildete Farbfolge wurde Mais als Farbe A, Kürbis als Farbe B, Sonne als Farbe C, Weizen als Farbe D und Rehbraun als Farbe E gewählt.

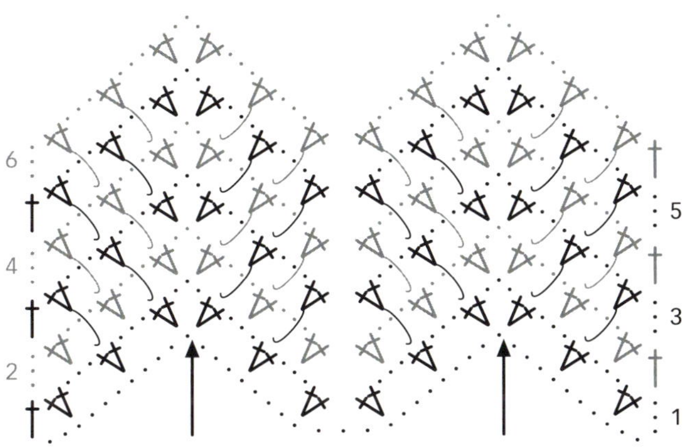

Zeichenerklärung

- · = 1 Luftmasche
- ı = 1 feste Masche
- † = 1 Stäbchen
- ∀ = 2 Stäbchen in eine Masche bzw. um den Luftm-Bogen der Vorreihe
- ∀ = 2 tiefer gestochene Stäbchen: Zwischen die Stäbchen der vorletzten Reihe 2 Stäbchen häkeln, dabei den darüber liegenden Luftmaschenbogen umfassen.

Zacken-Ajourmuster

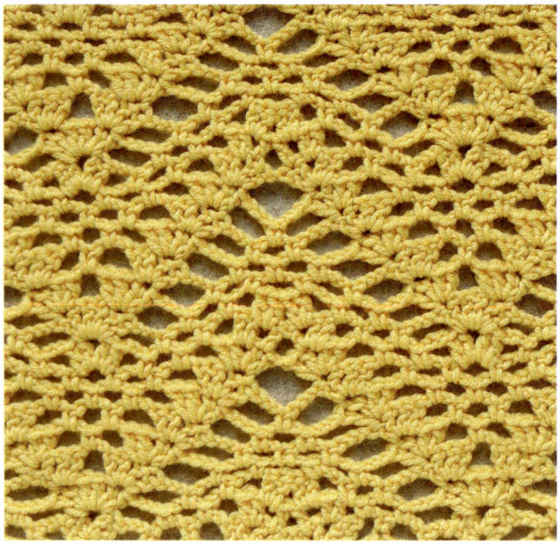

Schwierigkeitsgrad mittel
Kategorie Großflächiges Zackenmuster aus Luftmaschenbogen und Stäbchen-Büscheln

Maschenzahl teilbar durch 34 + 35 M + 3 Wende-Luftm. Die Anzahl an Wende-Luftm variiert in den Reihen je nach Maschengröße.

Besondere Maschen:
1 Stäbchen-Gruppe = 2 Stäbchen, 1 Luftm, 2 Stäbchen

HÄKELN NACH MUSTERBESCHREIBUNG

1. Reihe (Hinreihe): 3 Wende-Luftm, 1 Stäbchen-Gruppe in die 7. M ab Nadel, [mit 3 Luftm 4 M überspringen, 1 feste M] 2x, mit 3 Luftm 4 M überspringen, * 1 Stäbchen-Gruppe in die folgende M, [mit 3 Luftm 4 M überspringen, 1 feste M] 2x, mit 3 Luftm 4 M überspringen, 1 Stäbchen-Gruppe in die folgende M, 1 Luftm, 5 M überspringen, 1 Stäbchen-Gruppe in die folgende M, [mit 3 Luftm 4 M überspringen, 1 feste M] 2x, mit 3 Luftm 4 M überspringen; ab * stets wiederholen, 1 Stäbchen-Gruppe in die folgende M, [mit 3 Luftm 4 M überspringen, 1 feste M] 2x, mit 3 Luftm 4 M überspringen, 1 Stäbchen-Gruppe in die folgende M, 2 M überspringen, 1 Stäbchen.

2. Reihe (Rückreihe): 3 Wende-Luftm, 1 Stäbchen zwischen die beiden Stäbchen der Vor-R, 1 Luftm, 2 Stäbchen um die Luftm der Stäbchen-Gruppe, [3 Luftm, 1 feste M um den folgenden Luftm-Bogen] 2x, 3 Luftm, 1 Stäbchen-Gruppe um die Luftm der Stäbchen-Gruppe, * 1 Luftm, 2 Stäbchen um die Luftm der gleichen Stäbchen-Gruppe, 3 Luftm, 1 feste M um den übernächsten Luftm-Bogen, 3 Luftm, 1 feste M um den folgenden Luftm-Bogen, 3 Luftm, 2 Stäbchen um die Luftm der 1. Stäbchen-Gruppe, 1 Luftm, 1 Stäbchen zwischen die folgenden 2 Stäbchen der 1. Stäbchen-Gruppe, 1 Stäbchen zwischen die folgenden 2 Stäbchen der 2. Stäbchen-Gruppe, 1 Luftm, 2 Stäbchen um die Luftm der 2. Stäbchen-Gruppe, [3 Luftm, 1 feste M in den folgenden Luftm-Bogen] 2x, 3 Luftm, 1 Stäbchen-Gruppe um die Luftm der Stäbchen-Gruppe; ab * stets wiederholen, 1 Luftm, 2 Stäbchen um die Luftm der gleichen Stäbchen-Gruppe, 3 Luftm, 1 feste M um den übernächsten Luftm-Bogen, 3 Luftm, 1 feste M um den folgenden Luftm-Bogen, 3 Luftm, 2 Stäbchen um die Luftm der Stäbchen-Gruppe, 1 Luftm, 1 Stäbchen zwischen die folgenden 2 Stäbchen der Stäbchen-Gruppe, 1 Stäbchen.

3. Reihe: 3 Wende-Luftm, 2 Stäbchen um die folgende Luftm, [3 Luftm, 1 feste M um den Luftm-Bogen] 2x, 3 Luftm, 3 Luftm, 1 Stäbchen-Gruppe um die 1. Luftm der Stäbchen-Gruppe, * 3 Luftm, 1 Stäbchen-Gruppe um die 2. Luftm der Stäbchen-Gruppe, 3 Luftm, 1 feste M um den übernächsten Luftm-Bogen, 3 Luftm, 1 feste M um den folgenden Luftm-Bogen, 3 Luftm, 2 Stäbchen um die 1. Luftm der Stäbchen-Gruppe, 2 Stäbchen um die 2. Luftm der Stäbchen-Gruppe, [3 Luftm, 1 feste M in den folgenden Luftm-Bogen] 2x, 3 Luftm, 1 Stäbchen-Gruppe um die 1. Luftm der Stäbchen-Gruppe; ab * stets wiederholen, 3 Luftm, 1 Stäbchen-Gruppe um die 2. Luftm der Stäbchen-Gruppe, 3 Luftm, 1 feste M um den übernächsten Luftm-Bogen, 3 Luftm, 1 feste M um den folgenden Luftm-Bogen, 3 Luftm, 2 Stäbchen um die 1. Luftm der Stäbchen-Gruppe, 1 Stäbchen.

4. Reihe: 1 Wende-Luftm, [3 Luftm, 1 feste M in den folgenden Luftm-Bogen] 2x, 3 Luftm, 1 Stäbchen-Gruppe um die Luftm der Stäbchen-Gruppe, 3 Luftm, 1 feste M um den

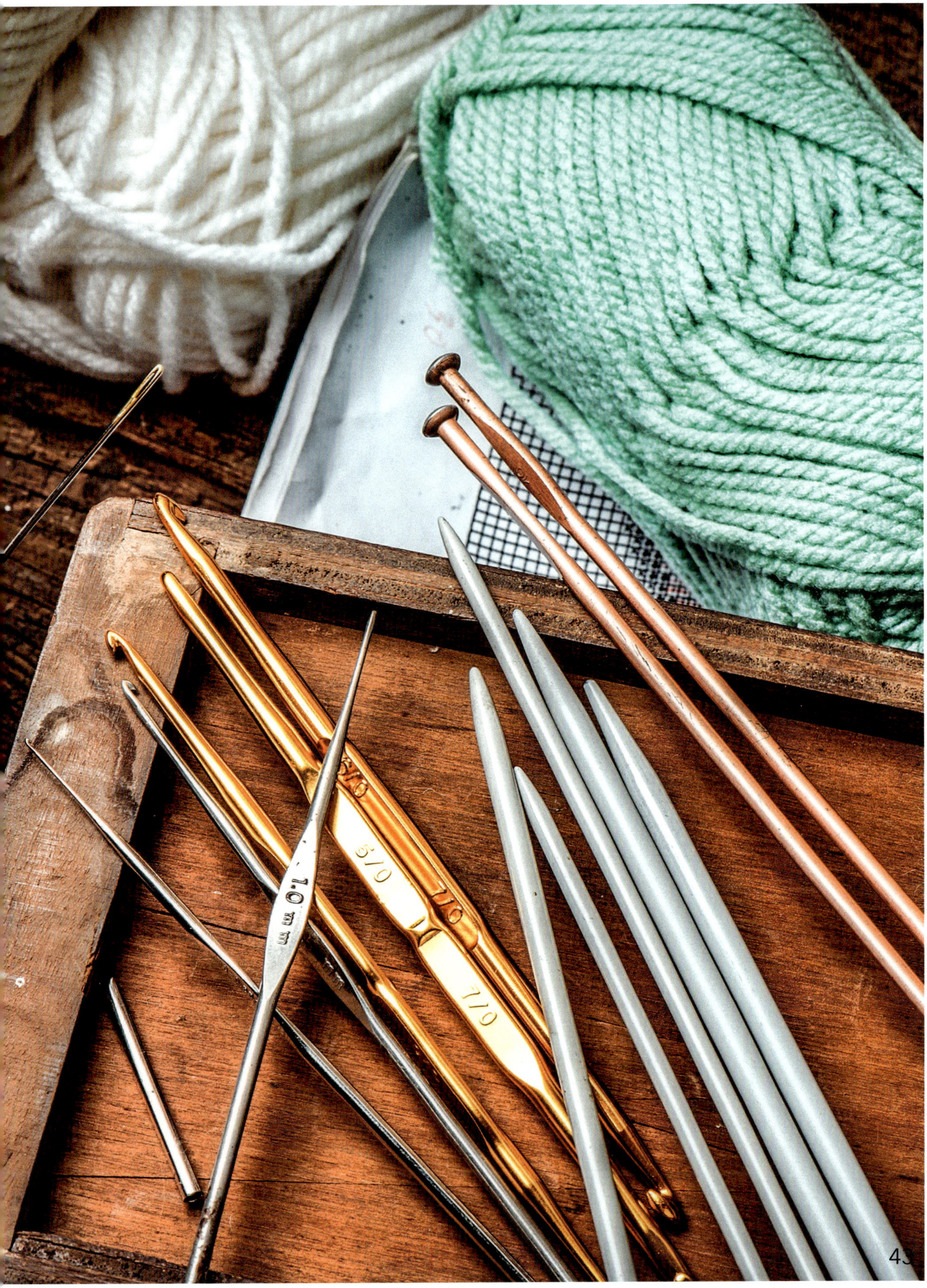
1.0 mm
5/0
7/0

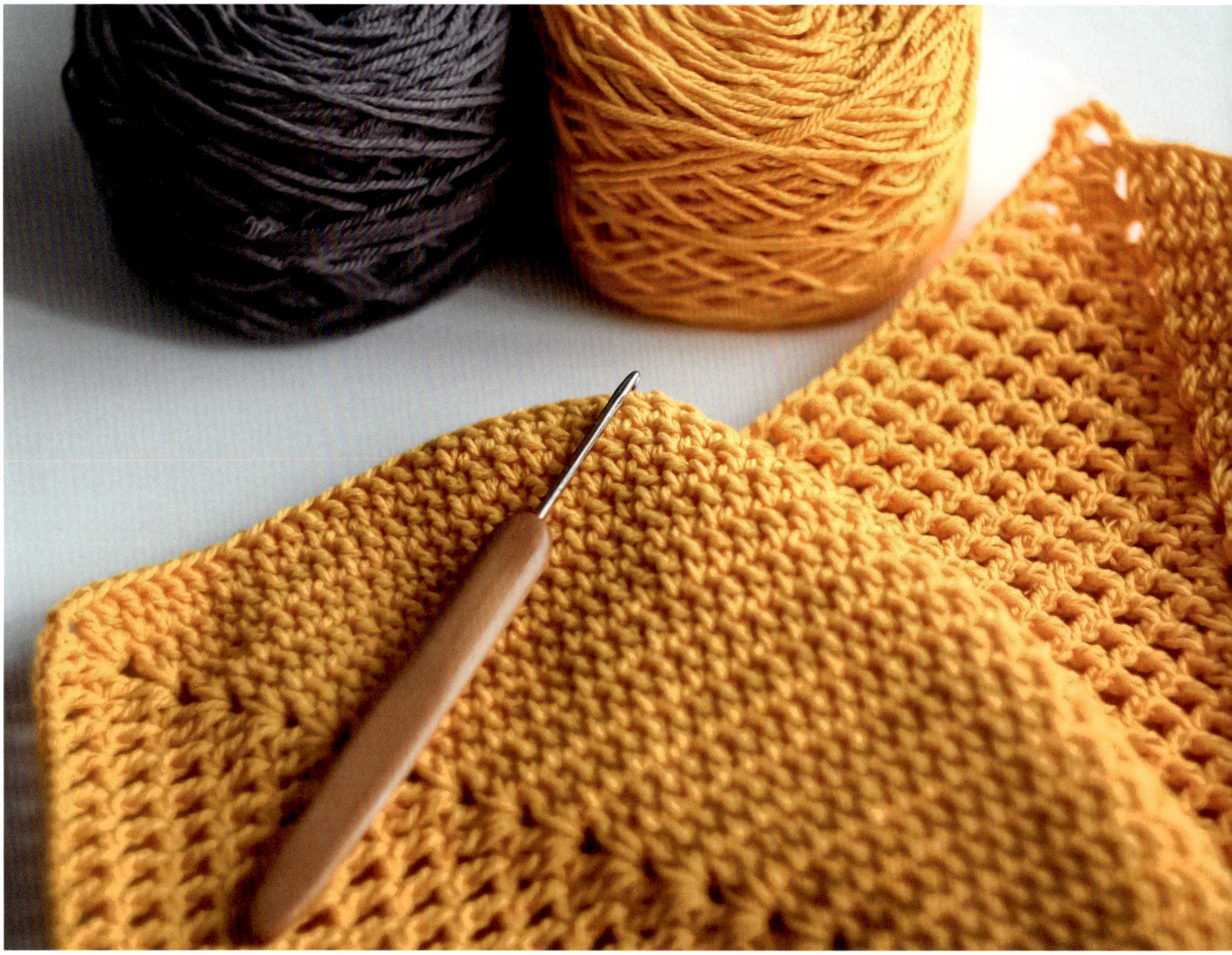

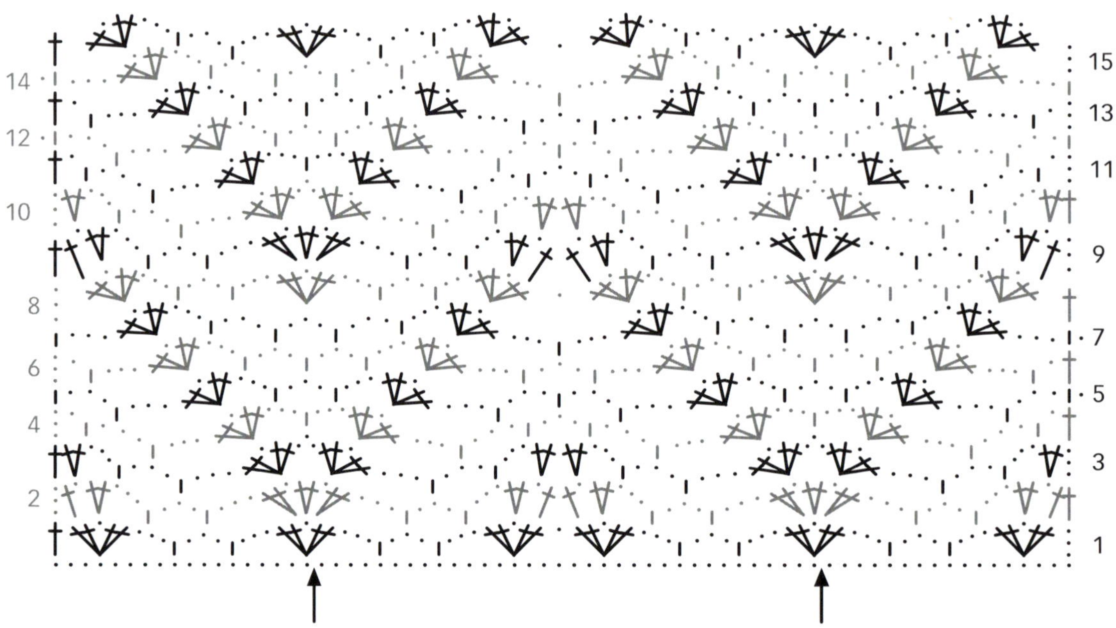
15
14
13
12
11
10
9
8
7
6
5
4
3
2
1

Luftm-Bogen, * 3 Luftm, 1 Stäbchen-Gruppe um die Luftm der Stäbchen-Gruppe, 3 Luftm, 1 feste M um den übernächsten Luftm-Bogen, [3 Luftm, 1 feste M um den folgenden Luftm-Bogen] 3x, 3 Luftm, 1 Stäbchen-Gruppe um die Luftm der Stäbchen-Gruppe, 3 Luftm, 1 feste M um den Luftm-Bogen; ab * stets wiederholen, 3 Luftm, 1 Stäbchen-Gruppe um die Luftm der Stäbchen-Gruppe, 3 Luftm, 1 feste M um den übernächsten Luftm-Bogen, 3 Luftm, 1 feste M um den Luftm-Bogen, 1 Luftm, 1 Stäbchen.

5. Reihe: 1 Wende-Luftm, 1 feste M in das Stäbchen der Vor-R, 3 Luftm, 1 feste M um den folgenden Luftm-Bogen, 3 Luftm, 1 Stäbchen-Gruppe um die Luftm der Stäbchen-Gruppe, * [3 Luftm, 1 feste M um den folgenden Luftm-Bogen] 2x, 3 Luftm, 1 Stäbchen-Gruppe um die Luftm der Stäbchen-Gruppe, 3 Luftm, 1 feste M um den übernächsten Luftm-Bogen, [3 Luftm, 1 feste M um den folgenden Luftm-Bogen] 2x, 3 Luftm, 1 Stäbchen-Gruppe um die Luftm der Stäbchen-Gruppe; ab * stets wiederholen, [3 Luftm, 1 feste M um den folgenden Luftm-Bogen] 2x, 3 Luftm, 1 Stäbchen-Gruppe um die Luftm der Stäbchen-Gruppe, 3 Luftm, 1 feste M um den übernächsten Luftm-Bogen, 3 Luftm, 1 feste M in die Wendeluftm.

6. Reihe: 3 Wende-Luftm, 1 Luftm, 1 feste M um den Luftm-Bogen, 3 Luftm, 1 Stäbchen-Gruppe um die Luftm der Stäbchen-Gruppe, [3 Luftm, 1 feste M um den Luftm-Bogen] 3x, * 3 Luftm, 1 Stäbchen-Gruppe um die Luftm der Stäbchen-Gruppe, 3 Luftm, 1 feste M um den übernächsten Luftm-Bogen, 3 Luftm, 1 feste M um den folgenden Luftm-Bogen, 3 Luftm, 1 Stäbchen-Gruppe um die Luftm der Stäbchen-Gruppe, [3 Luftm, 1 feste M um den folgenden Luftm-Bogen] 3x; ab * stets wiederholen, 3 Luftm, 1 Stäbchen-Gruppe um die Luftm der Stäbchen-Gruppe, 3 Luftm, 1 feste M um den übernächsten Luftm-Bogen, 1 Luftm, 1 Stäbchen.

7. Reihe: 1 Wende-Luftm, 1 feste M, 3 Luftm, 1 Stäbchen-Gruppe um die Luftm der Stäbchen-Gruppe, * [3 Luftm, 1 feste M um den Luftm-Bogen] 4x, 3 Luftm, 1 Stäbchen-Gruppe um die Luftm der Stäbchen-Gruppe, 3 Luftm, 1 feste M um den übernächsten Luftm-Bogen, 3 Luftm, 1 Stäbchen-Gruppe um die Luftm der Stäbchen-Gruppe; ab * stets wiederholen, [3 Luftm, 1 feste M um den folgenden Luftm-Bogen] 4x, 3 Luftm, 1 Stäbchen-Gruppe um die Luftm der Stäbchen-Gruppe, 3 Luftm, 1 feste M.

8. Reihe: 3 Wende-Luftm, 1 Stäbchen-Gruppe um die Luftm der Stäbchen-Gruppe, [3 Luftm, 1 feste M um den Luftm-Bogen] 2x, 3 Luftm, 1 Stäbchen-Gruppe um den Luftm-Bogen, [3 Luftm, 1 feste M um den Luftm-Bogen] 2x, * 3 Luftm, 1 Stäbchen-Gruppe um die Luftm der Stäbchen-Gruppe, 1 Luftm, 1 Stäbchen-Gruppe um die Luftm der folgenden Stäbchen-Gruppe, [3 Luftm, 1 feste M um den Luftm-Bogen] 2x, 3 Luftm, 1 Stäbchen-Gruppe um den Luftm-Bogen, [3 Luftm, 1 feste M um den Luftm-Bogen] 2x; ab * stets wiederholen, 3 Luftm, 1 Stäbchen-Gruppe um die Luftm der Stäbchen-Gruppe, 1 Stäbchen.

Die 1.–8. Reihe 1x arbeiten, dann die 2.–8. Reihe stets wiederholen. Dabei werden mit jedem Durchgang Reihen, die zuvor als Hinreihen gehäkelt wurden, als Rückreihen gearbeitet und umgekehrt.

HÄKELN NACH HÄKELSCHRIFT

In der Häkelschrift sind Hin- und Rückreihen notiert. Die Maschen sind so bezeichnet, wie sie gearbeitet werden.

In den Hinreihen mit den M vor dem rechten Pfeil beginnen, den Rapport von 34 M zwischen den Pfeilen stets wiederholen und mit den M nach dem linken Pfeil enden.
In den Rückreihen die M entsprechend von links nach rechts lesen.

Die 1.–15. Reihe 1x arbeiten, dann die 2.–15. Reihe stets wiederholen.

Zeichenerklärung

- · = 1 Luftmasche
- ı = 1 feste Masche
- † = 1 Stäbchen
-  = 2 Stäbchen um die Luftmasche der Vorreihe
-  = 1 Stäbchen-Gruppe (= 2 Stäbchen, 1 Luftmasche, 2 Stäbchen)

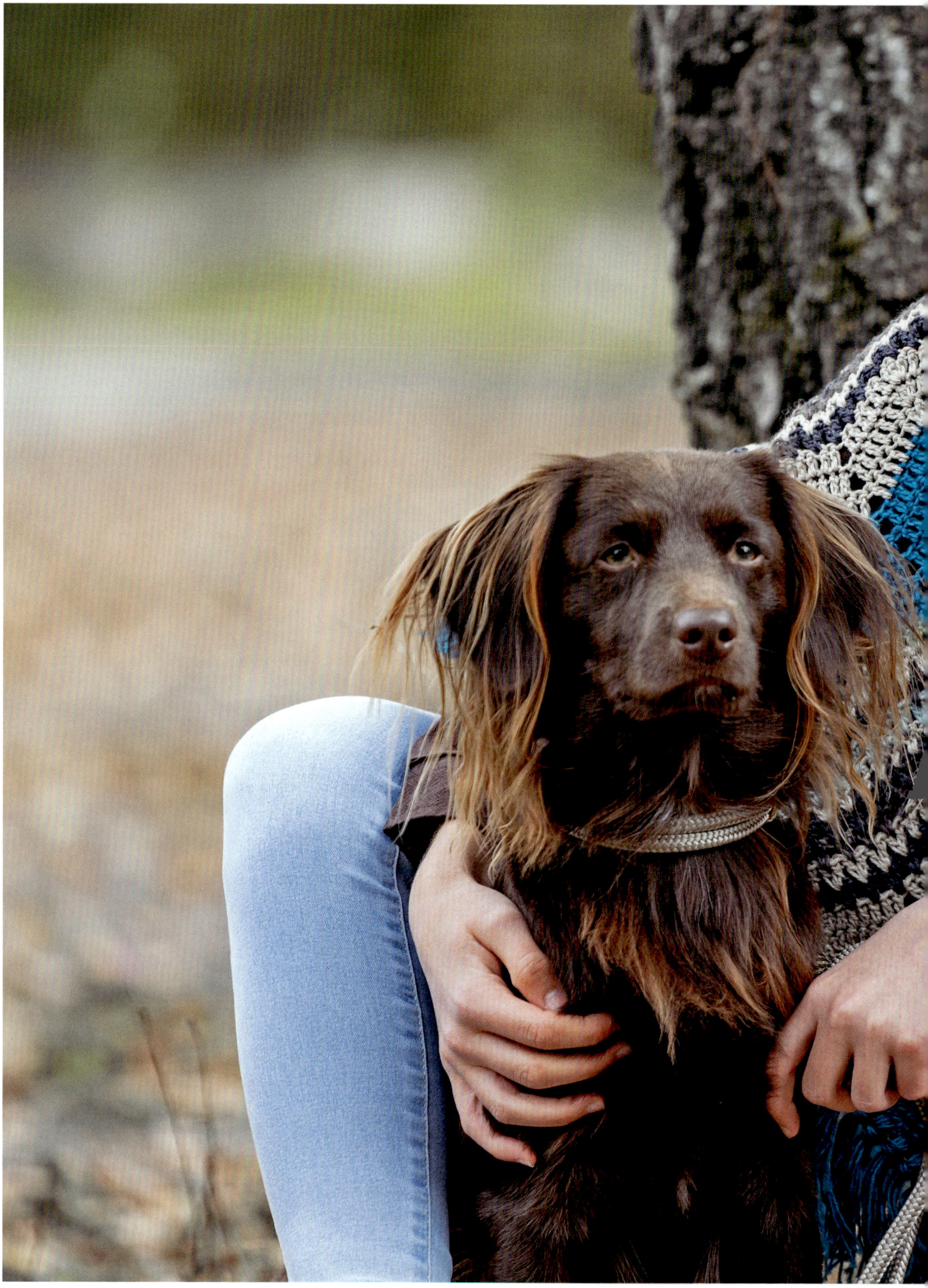

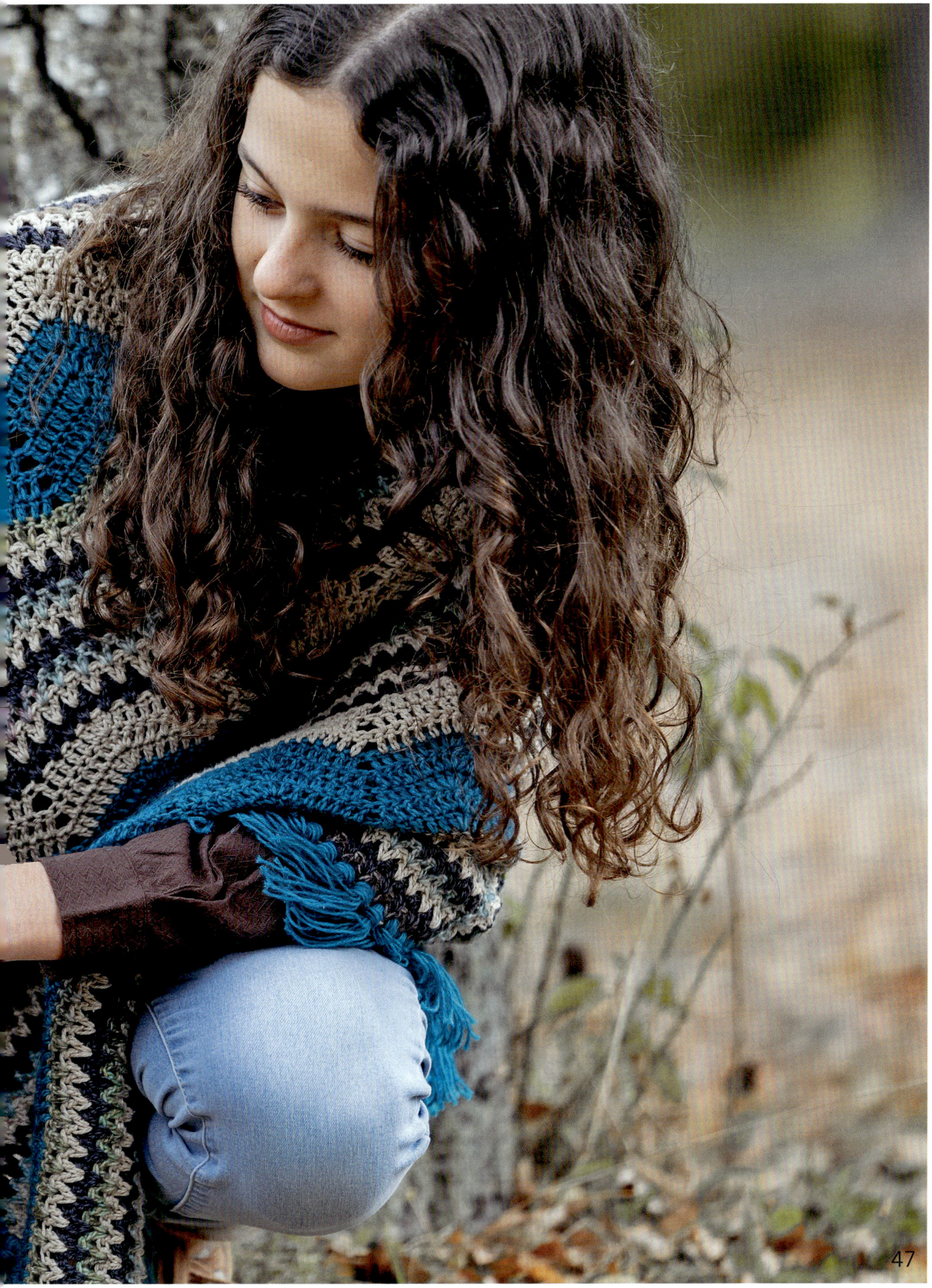

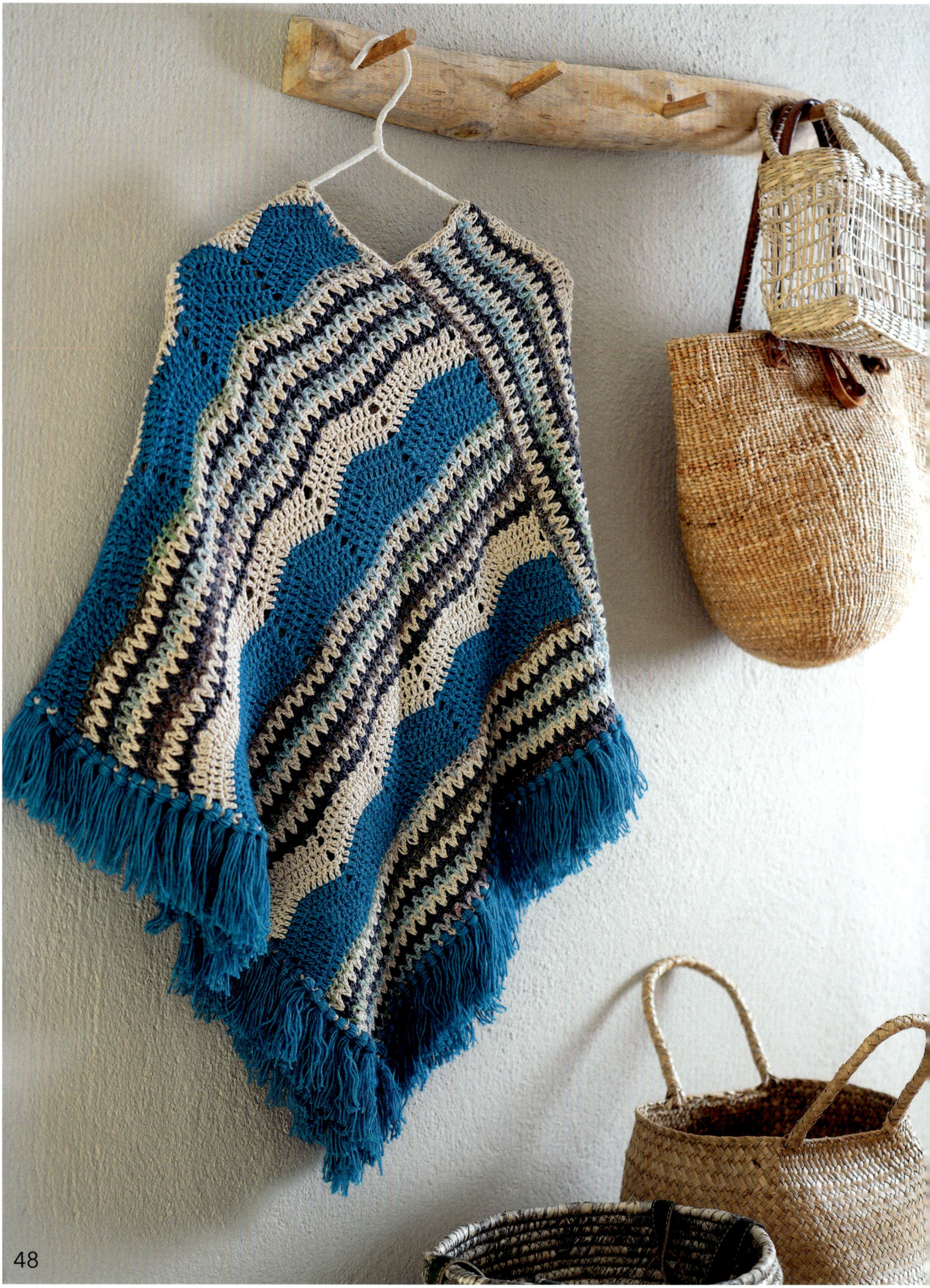

Poncho

Schwierigkeitsgrad: einfach

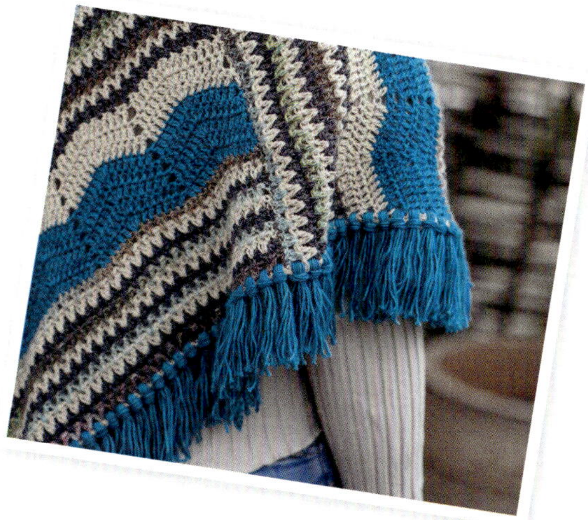

Das kleine V- Muster von Seite 14 und das Zackenmuster von Seite 16 wechseln sich in breiten Blockstreifen ab. Zwei Rechtecke im Garn- und Farbmix gehäkelt, aneinandergenäht, Fransen eingeknüpft und fertig ist der hippe Poncho.

Größe:

Einheitsgröße 36–42

Material:

Lana Grossa Ecopuno (72 % Baumwolle, 17 % Schurwolle Merino, 11 % Baby Alpaka, LL = 215 m/50 g): 150 g Petrol (Fb 12); Lana Grossa Ecopuno Print (72 % Baumwolle, 17 % Schurwolle Merino, 11 % Baby Alpaka, LL = 215 m/50 g): 50 g Türkis/Mint/Dunkelbraun/Gelbgrün/Taupe (Fb 205); Lana Grossa Landlust Sommerseide (50 % Seide, 50 % Baumwolle, LL = 170 m/50 g): 150 g Beige (Fb 32) und 100 g Anthrazit/Graublau (Fb 25); je 1 Häkelnadel in 4 mm und 5 mm; Vernähnadel.

Muster:

Kleines V-Muster:
Maschenzahl teilbar durch 2 + 4 M + 3 Wende-Luftm.

Nach Häkelschrift A in der Farbfolge A häkeln. In der Häkelschrift sind Hin- und Rückreihen notiert. Die Maschen sind so bezeichnet, wie sie gearbeitet werden.

In den Hinreihen mit den M vor dem rechten Pfeil beginnen, den Rapport von 2 M zwischen den Pfeilen stets wiederholen und mit den M nach dem linken Pfeil enden.
In den Rückreihen die M entsprechend von links nach rechts lesen.

Die 1.–3. Reihe 1x arbeiten, dann die 2.–3. Reihe stets wiederholen.

Zackenmuster:
Maschenzahl teilbar durch 15 + 16 M + 3 Wende-Luftm.

Nach Häkelschrift B in der Farbfolge B arbeiten. In der Häkelschrift sind Hin- und Rückreihen notiert. Die Maschen sind so bezeichnet, wie sie gearbeitet werden.

In den Hinreihen mit den M vor dem rechten Pfeil beginnen, den Rapport von 15 M zwischen den Pfeilen stets wiederholen und mit den M nach dem linken Pfeil enden.
In den Rückreihen die M entsprechend von links nach rechts lesen.

Die 1.–3. Reihe 1x arbeiten, dann die 2.–3. Reihe stets wiederholen.

Farbfolge A: * Je 1 Reihe in Petrol, Anthrazit/Graublau und Beige; ab * stets wiederholen.

Farbfolge B: 5 Reihen in Petrol, 3 Reihen in Beige = 8 Reihen.

Maschenprobe:

Kleines V-Muster: 16 Maschen x 9 Reihen = 10 cm x 10 cm; **Zackenmuster:** 17 Maschen x 8 Reihen = 10 cm x 10 cm; alles mit Nadelstärke 4 mm.

So wird's gemacht:

Für das erste Rechteck 76 Luftm und 3 Wende-Luftm mit der dünneren Häkelnadel in Ecopuno Print anschlagen. * 9 R im kleinen V-Muster nach Farbfolge A, 8 R im Zackenmuster nach Farbfolge B stricken; ab * noch 2x wiederholen = 51 Reihen.

Dann noch 9 R im kleinen V-Muster nach Farbfolge A und anschließend die Arbeit beenden.

Das zweite Rechteck ebenso arbeiten.

Fertigstellung:
Alle Fäden vernähen. Beide Rechtecke spannen und mit feuchten Tüchern bedeckt trocknen lassen. Die Rechtecke wie folgt gemäß Schnittskizze aneinandernähen (die in den Schnitt eingezeichneten Pfeile geben die Häkelrichtung an): Die letzte R des 2. Rechtecks an den rechten, unteren Seitenrand des 1. Rechtecks ab Anschlag 46 cm hoch annähen, siehe Schnittzeichnung a–b.

Nun die linke, obere Ecke des 1. Rechtecks mit der rechten, unteren Ecke des 2. Rechtecks verbinden, dann die rechte, obere Ecke des 1. Rechtecks an den rechten Seitenrand des 2. Rechtecks ab Anschlag 46 cm hoch annähen. Die Naht zwischen beiden Punkten schließen, siehe auch die gebogenen Pfeile in der Schnittzeichnung. Durch das Zusammennähen ist der Halsausschnitt entstanden, Halsausschnittbreite = 16 cm.

Den gesamten äußeren Rand und den Halsausschnitt mit der dünneren Häkelnadel mit 1 Rd feste M in Beige umhäkeln.

Für die Fransen Fäden in Petrol 20 cm lang zuschneiden. Pro Franse 6 Fäden zur Hälfte legen und mit Hilfe der dickeren Häkelnadel in den gesamten äußeren Rand einknüpfen.

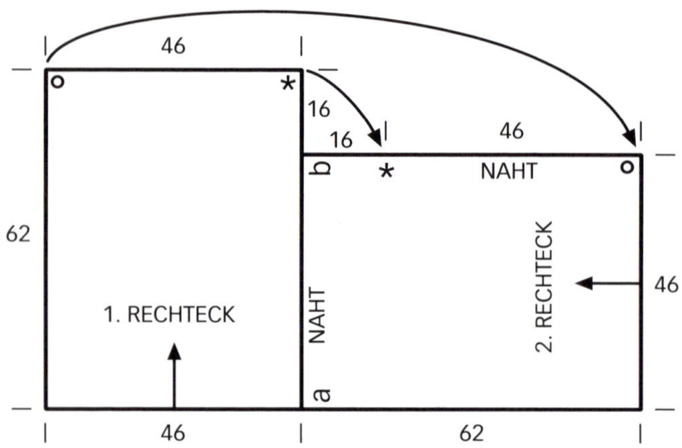

Zeichenerklärung

- · = 1 Luftmasche
- † = 1 Stäbchen
- V = 2 Stäbchen in eine Einstichstelle
- W = 3 Stäbchen in eine Einstichstelle

A

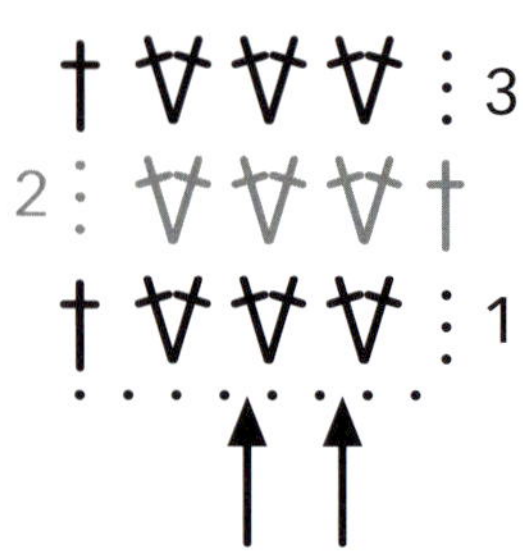

B

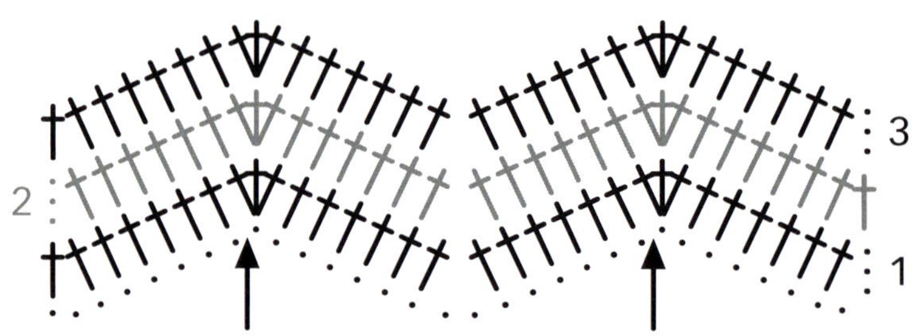

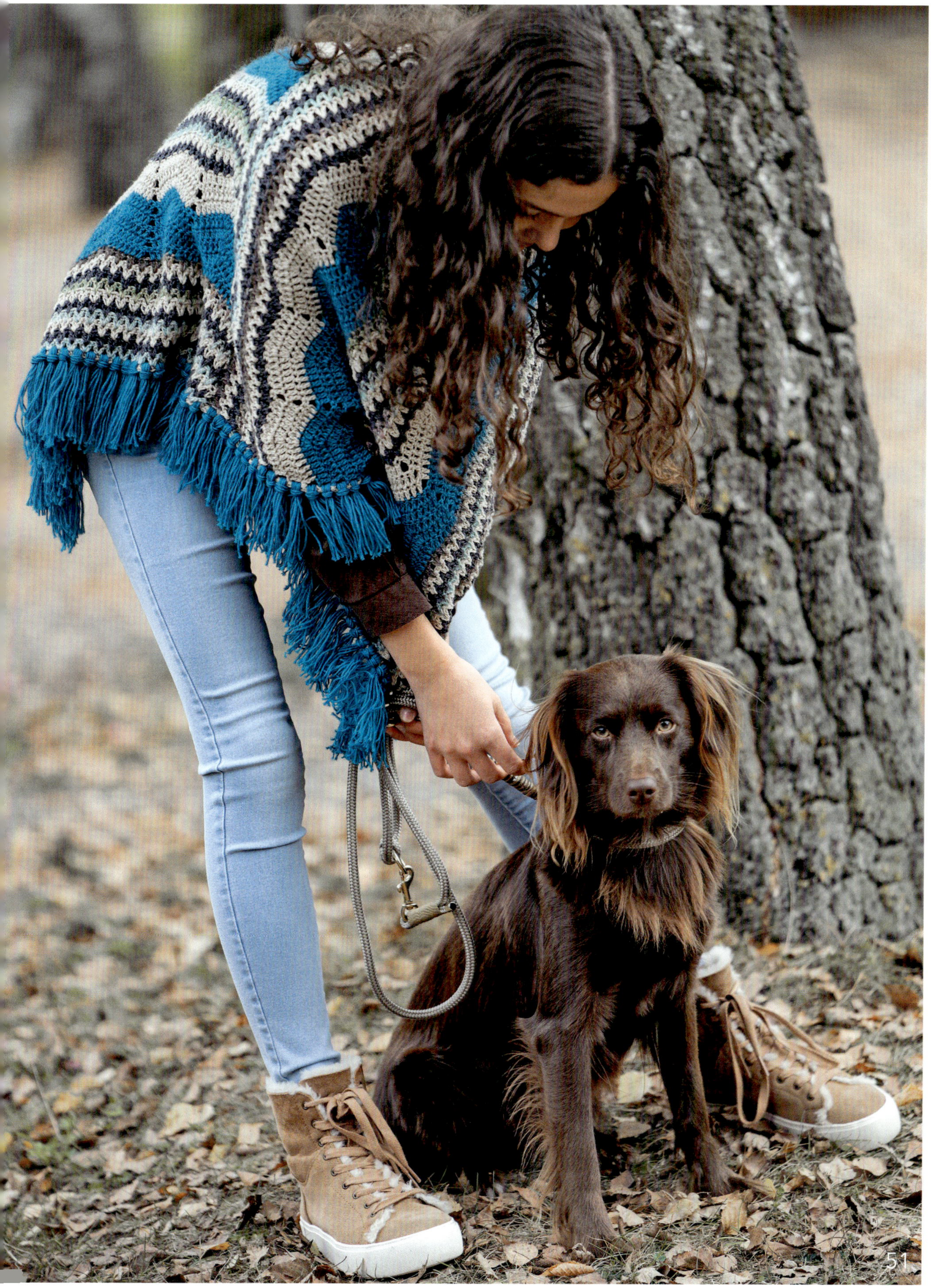

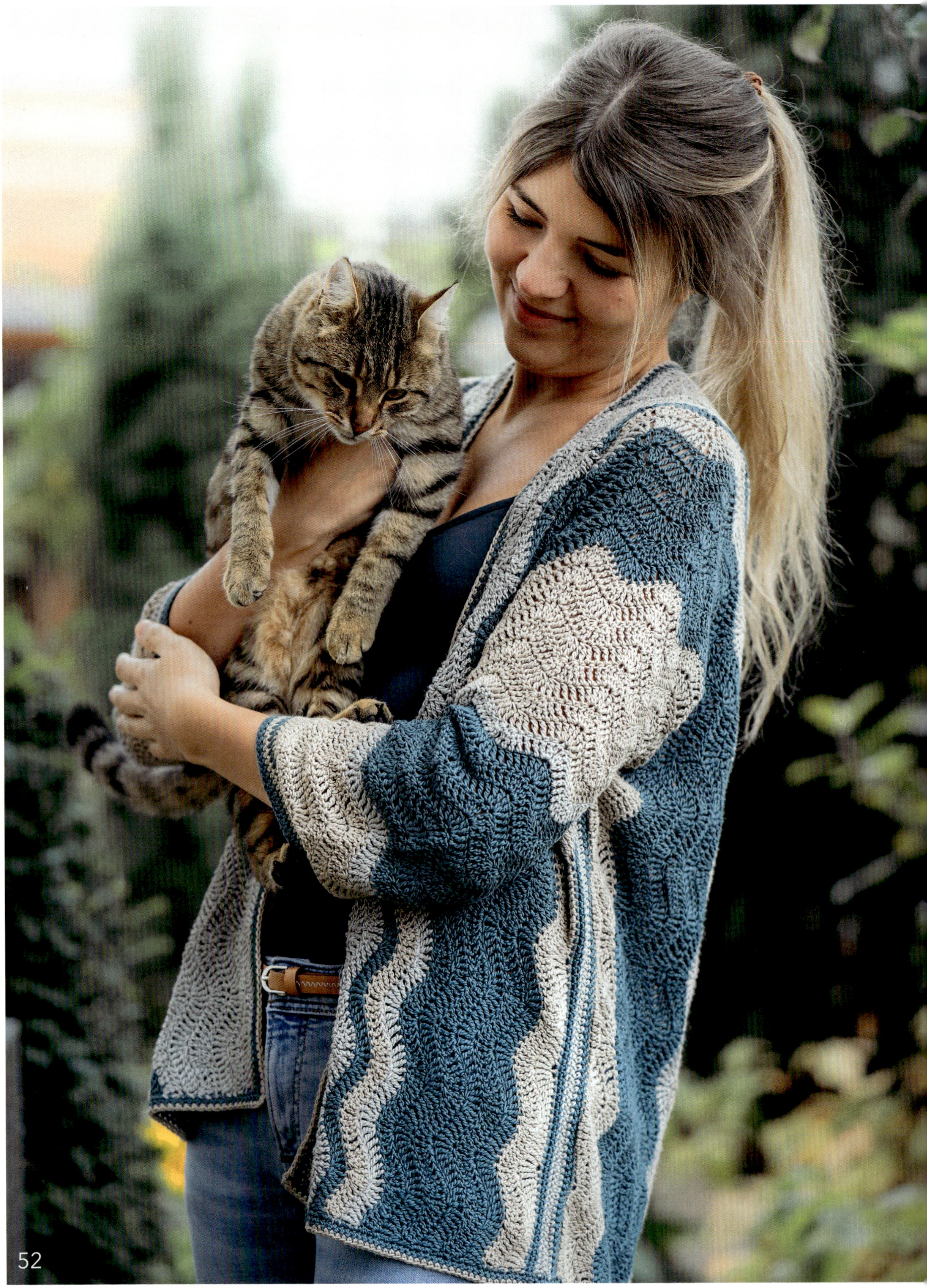

Jacke

Schwierigkeitsgrad: einfach

Das Wellenmuster von Seite 18 kommt hier quer daher. Es wird vom Ärmelbündchen zur Mitte hin in harmonischer Farbfolge gehäkelt. Die Fledermausärmel und der schlichte Schalkragen sind dann nur noch das i-Tüpfelchen für dieses Must-Have-Teil.

Größe:

36/38, 40/42 und 44/46

Die Angaben für die größeren Größen stehen hintereinander in Klammern. Steht nur eine Angabe, so gilt diese für alle Größen.

Material:

Lana Grossa Solo Lino (80 % recyceltes Leinen (Viskose), 20 % Leinen, LL = 120 m/50 g): 350 (400/400) g Perlopalgrün (Fb 28) und je 250 (300/300) g Beige (Fb 21) und Grüngrau (Fb 5); 1 Häkelnadel in 3,5 und 4 mm; Vernähnadel.

Muster:

Feste Maschen in Reihen:
Jede Reihe mit 1 Wende-Luftm beginnen.

Wellenmuster:
Maschenzahl teilbar durch 14 + 4 Wende-Luftm.

In der Häkelschrift sind Hin- und Rückreihen notiert. Die Maschen sind so bezeichnet, wie sie gearbeitet werden.

In den Hinreihen mit der/den M vor dem rechten Pfeil beginnen, den Rapport zwischen den Pfeilen stets wiederholen und mit den M nach dem linken Pfeil enden.
In den Rückreihen die M entsprechend von links nach rechts lesen.

Die 1.–3. Reihe 1x arbeiten, dann die 2.–3. Reihe stets wiederholen.

Farbfolge A: Je 2 Reihen in Perlopalgrün, Beige und Perlopalgrün = 6 Reihen.

Farbfolge B: 6 Reihen in Beige, 1 Reihe in Graugrün, 8 Reihen in Perlopalgrün, 1 Reihe in Graugrün, 8 Reihen in Beige, 6 (7/8) Reihen in Perlopalgrün, 1 Reihe in Graugrün, 1 Reihe in Beige, 1 Reihe in Perlopalgrün, 1 Reihe in Graugrün = 34 (35/36) Reihen.

Maschenprobe:

Wellenmuster mit Nadelstärke 3,5 mm:
19 Maschen x 5,5 Reihen = 10 cm x 10 cm.

So wird's gemacht:

Die Jacke wird in 2 Hälften quer gehäkelt, die jeweils am linken Ärmel begonnen und zur Mitte gearbeitet werden. Der Pfeil in der Schnittzeichnung gibt die Häkelrichtung an.

Für die linke Jackenhälfte 56 Luftm + 1 Wende-Luftm mit der dickeren Häkelnadel in Perlopalgrün anschlagen und 6 Reihen feste M in Farbfolge A häkeln. Dann mit der dünneren Häkelnadel in Beige im Wellenmuster in Farbfolge B weiterarbeiten. In 20 cm Gesamthöhe für die Ärmelschräge beidseitig 1x 1 M zunehmen, dann noch 11x in jeder R je 1 M zunehmen = 80 Maschen. Über die zugenommenen M nach und nach das Wellenmuster weiterführen.

Für die beiden seitlichen Zunahmen mit einem separaten Faden in Perlopalgrün 2x je 72 Luftm anschlagen. Dann in einem Stück über die 72 M der ersten Luftm-Kette, die 80 M des Ärmels und die 72 M der zweiten Luftm-Kette im Wellenmuster arbeiten und die Farbfolge weiterführen, dabei den Rapport von 14 M insgesamt 16x arbeiten = 224 Maschen (+ 4 Wende-Luftm). In 64 (66/68) cm Gesamthöhe und 21 (23/25) cm ab Seitenzunahmen (= Ende der Streifenfolge B) für den Halsausschnitt die Arbeit in der Mitte teilen = je 112 M und je 8 Musterrapporte.

Zunächst für das **linke Rückenteil** nur über die ersten 112 M wie folgt gerade hoch weiterarbeiten: 8 cm im Wellenmuster in Graugrün, dann mit der dickeren Häkelnadel 2 R feste M in Perlopalgrün und noch 1 R feste M in Beige. Dann die Arbeit beenden.

Für den Kragen mit einem separaten Faden in Perlopalgrün 14 Luftm anschlagen, dann für das **linke Vorderteil** in einem Stück über die 14 Luftm und die 112 M der 2. Jackenhälfte in Graugrün 9 cm im Wellenmuster häkeln = 126 M (+ 4 Wende-Luftm). Dann die Arbeit beenden.

Die **rechte Jackenhälfte** gegengleich zur linken Jackenhälfte arbeiten.

Fertigstellung:
Alle Fäden vernähen. Beide Jackenhälften gemäß Schnitt spannen, anfeuchten und trocknen lassen. Beide Rückenteilhälften rechts auf rechts legen und mit der dickeren Häkelnadel mit 1 R Kettm in Beige miteinander verbinden.

Dann die Kragenschmalseiten aneinandernähen und den Kragen in den rückwärtigen Halsausschnitt einnähen. Die geraden Seiten des Rückenteils und des linken und rechten Vorderteils ab Saum 39 cm hoch mit der dickeren Häkelnadel mit 1 R feste M in Perlopalgrün behäkeln. Die Seitennähte wie die Rückennaht, jedoch in Perlopalgrün aneinander häkeln.

Die Ärmelnähte schließen. Den gesamten Saum der Jacke, die Verschlussränder und den Kragenrand mit der dickeren Häkelnadel in festen M wie folgt umhäkeln: Den Faden in Perlopalgrün an der linken Seitennaht anschlingen, 1 Wende-Luftm, dann feste M häkeln, dabei in die Eck-M am Übergang von Vorderteil zu Saum jeweils 3 feste M häkeln. Die Rd mit 1 Kettm in die Wende-Luftm schließen. Noch 1 Rd in Perlopalgrün und 1 Rd in Beige häkeln, dann die Arbeit beenden. Die restlichen Fäden vernähen und die angehäkelte Blende nochmals leicht anfeuchten.

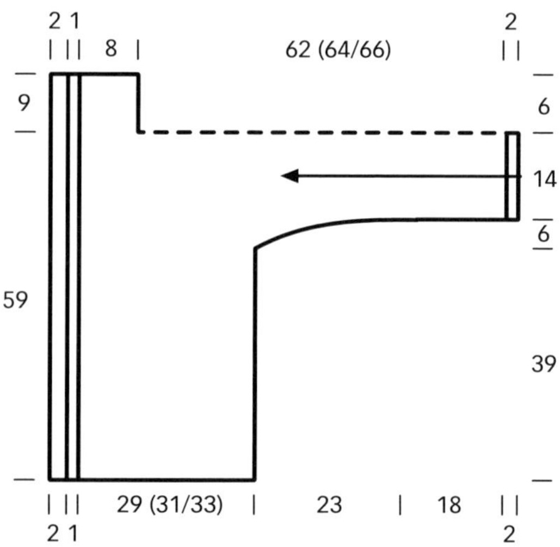

Zeichenerklärung

- · = 1 Luftmasche
- = 1 Doppelstäbchen
- = 3 zusammen abgemaschte Doppelstäbchen
- = 2 Doppelstäbchen in eine Einstichstelle
- = 3 Doppelstäbchen in eine Einstichstelle

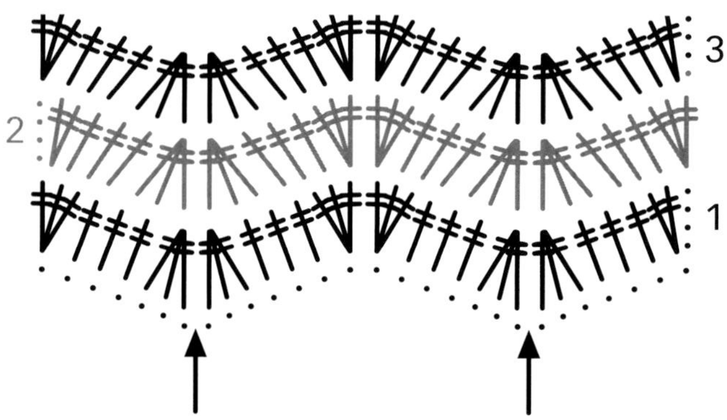

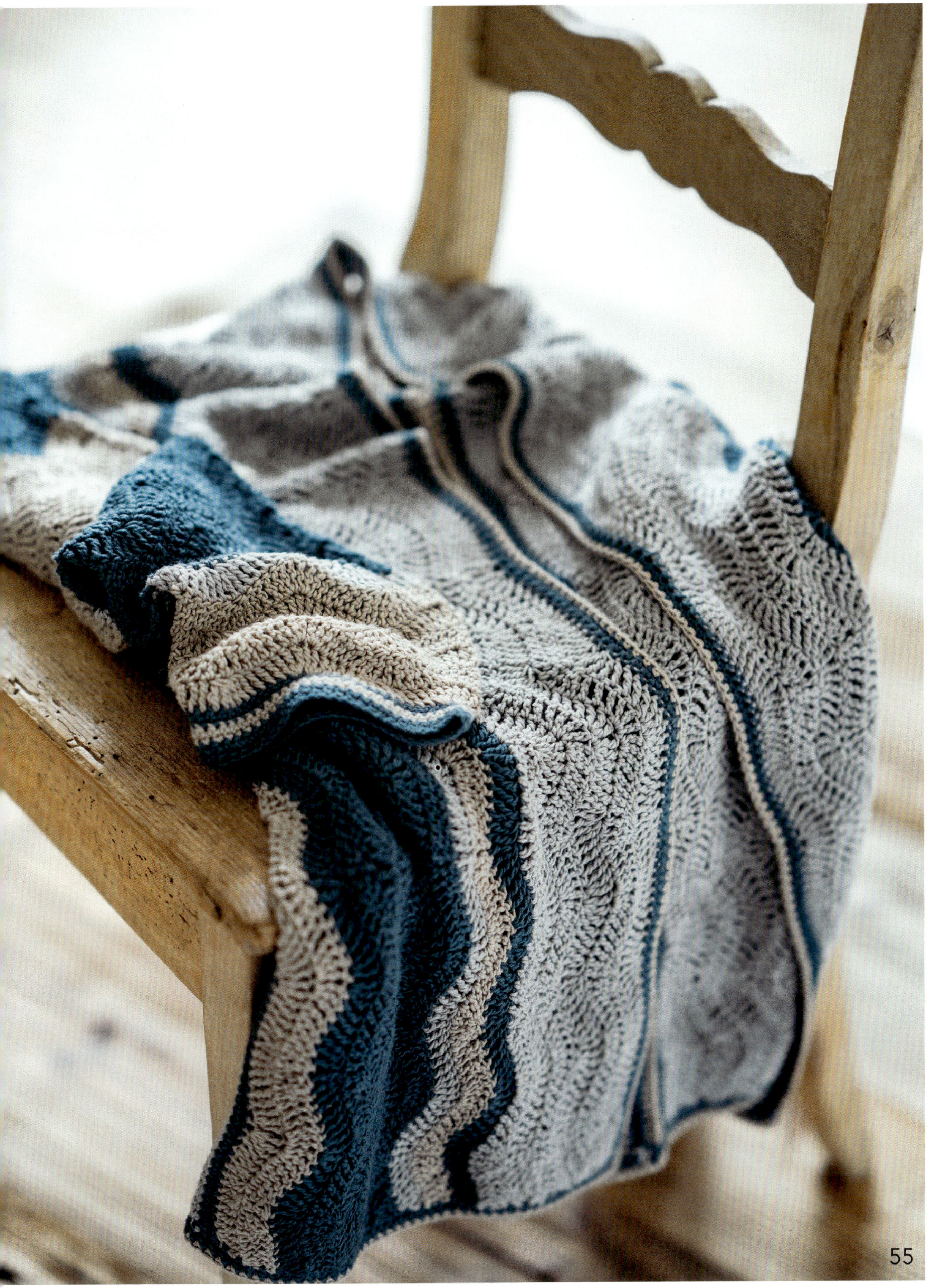

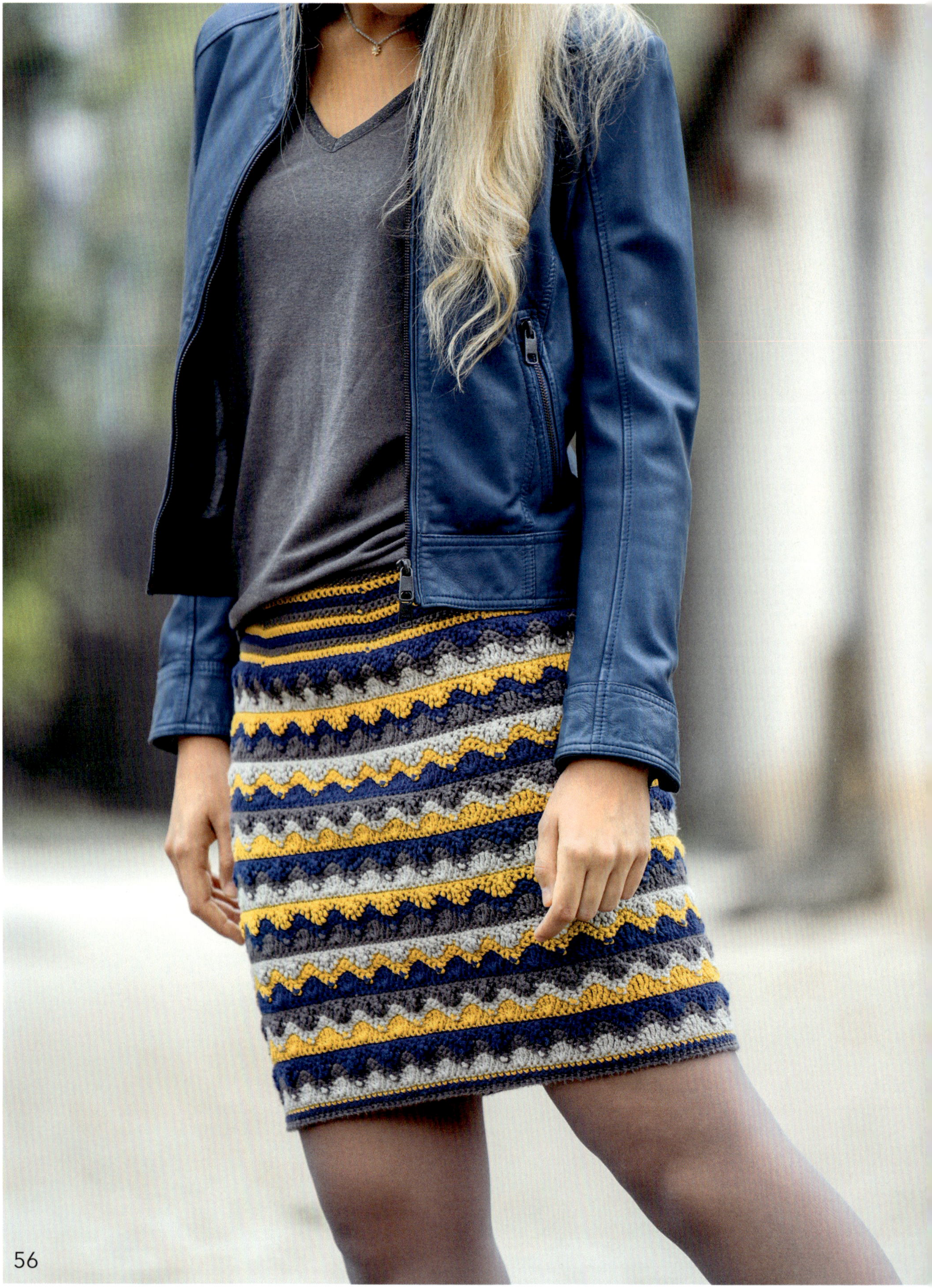

Rock

Schwierigkeitsgrad: schwierig

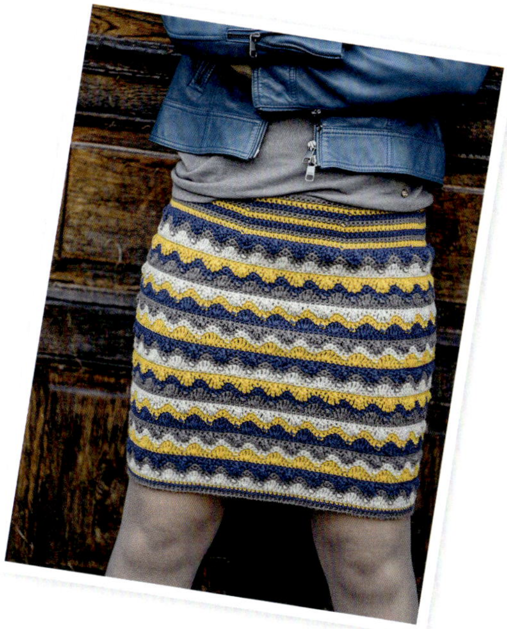

Feste Maschen, halbe Stäbchen, Stäbchen und Doppelstäbchen interessant gemischt ergeben das Zick-Zack- und Wellenmuster von Seite 20. Bei diesem geraden Rock wird das Muster in Runden gehäkelt und bekommt als Abschluss noch Ringel aus festen Maschen.

Größe:

36/38, 40/42 und 44

Die Angaben für die größeren Größen stehen hintereinander in Klammern. Steht nur eine Angabe, so gilt diese für alle Größen.

Material:

Lang Yarns Tissa (100 % Baumwolle, LL = 80 m/50 g): 150 (200/200) g Senfgelb (Fb 0150), 150 (200/200) g Graubraun (Fb 0167), 150 (200/200) g Marine (Fb 0134) und 150 (150/200) g Beton (Fb 0196); Häkelnadel in 3,5 mm; Elastic-Band von PRYM, Artikel Nr. 955 246, Schwarz, 25 mm breit, 80 (88/96) cm lang; Vernähnadel.

Muster:

Feste M in geschlossenen Rd:
Jede Rd mit 1 Steige-Luftm beginnen und mit 1 Kettm in die Steige-Luftm derselben Runde schließen.

Zick-Zack- und Wellenmuster:
Maschenzahl teilbar durch 6

In der Häkelschrift sind alle Runden gezeichnet. Die Maschen sind so bezeichnet, wie sie gearbeitet werden.

Jede Runde mit der/den Steige-Luftm und den M nach dem rechten Pfeil beginnen, den Rapport von 6 M zwischen dem mittleren und dem linken Pfeil stets wiederholen und mit den M nach dem linken Pfeil, dann noch den M vor dem rechten Pfeil und der Kettm in die jeweils oberste Steige-Luftm enden.

Die 1.–6. Runde stets wiederholen.

Farbfolge 1: 1 Runde in Graubraun, 1 Runde in Marine, 1 Runde in Senfgelb = 3 Runden.

Farbfolge 2: * 2 Runden in Beton, 2 Runden in Graubraun, 2 Runden in Marine, 2 Runden in Senfgelb; ab * stets wiederholen.

Farbfolge 3: * 2 Runden in Senfgelb, 2 Runden in Graubraun, 2 Runden in Marine; ab * noch 1x wiederholen, dann mit 2 Runden in Senfgelb und 2 Runden in Graubraun enden.

Maschenprobe:

Zick-Zack- und Wellenmuster: 17 Maschen x 13,5 Runden = 10 cm x 10 cm;
feste Maschen: 17 Maschen x 23 Runden = 10 cm x 10 cm.

So wird's gemacht:

Den Rock in Runden in einem Stück von unten nach oben häkeln: 162 (174 /186) Luftm + 1 Steige-Luftm in Graubraun anschlagen. Mit 1 Kettm in die 1. M zur Rd schließen und für den **Rocksaum** 3 Rd feste M in der Farbfolge 1 häkeln.

Dann im Zick-Zack- und Wellenmuster in der Farbfolge 2 weiterarbeiten = 27 (29/31) Rapporte (einschließlich Rundenschluss).

Nach 40 cm Gesamthöhe und insgesamt 9 Höhenrapporten für die **Hüftpasse** mit festen M in der Farbfolge 3 weiterarbeiten, dabei in der 1., 5., 9. und 11. Rd gleichmäßig verteilt jeweils 7x je 2 M zusammen abmaschen (28 Abnahmen) = 134 (146/158) Maschen. Nach 16 Rd in der Farbfolge 3 die Arbeit beenden.

Fertigstellung:

Alle Fäden vernähen. Den Rock gemäß Schnitt spannen, anfeuchten und trocknen lassen. Das Gummiband auf die nötige Weite bringen und mit passendem Nähgarn auf der Innenseite am oberen Rand der Hüftpasse annähen.

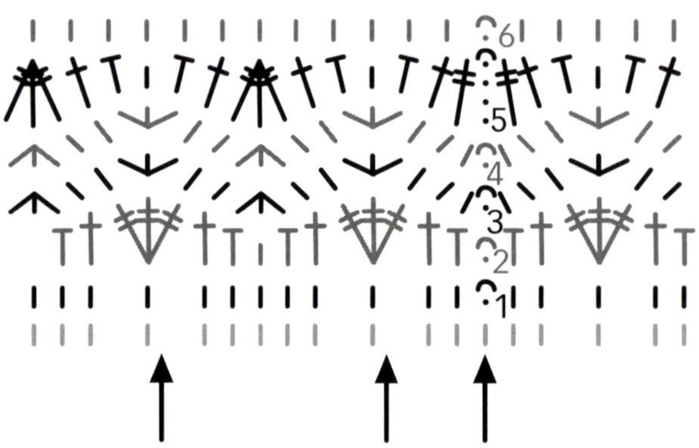

TIPP
Der Rock lässt sich je nach Wunsch kürzen oder verlängern. Dafür einfach einen Höhenrapport weniger bzw. mehr häkeln.

Zeichenerklärung

- · = 1 Luftmasche
- ◠ = 1 Kettmasche
- ı = 1 feste Masche
- ^ = 3 zusammen abgemaschte feste Maschen
- ∨ = 3 feste Maschen in eine Einstichstelle
- T = 1 halbes Stäbchen
- † = 1 Stäbchen
- ‡ = 1 Doppelstäbchen
- = 3 zusammen abgemaschte Doppelstäbchen
- = 3 Doppelstäbchen in eine Einstichstelle

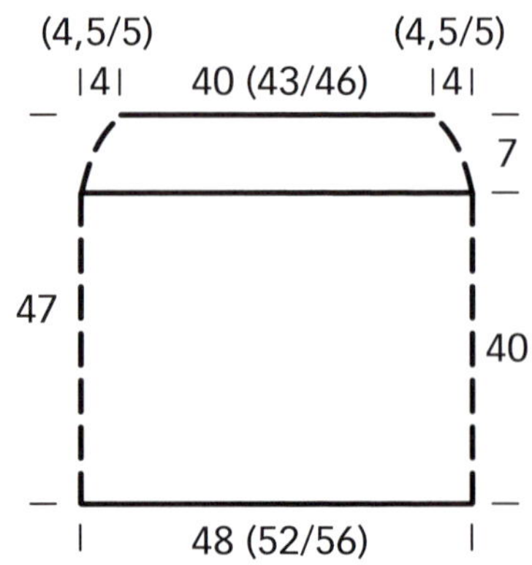

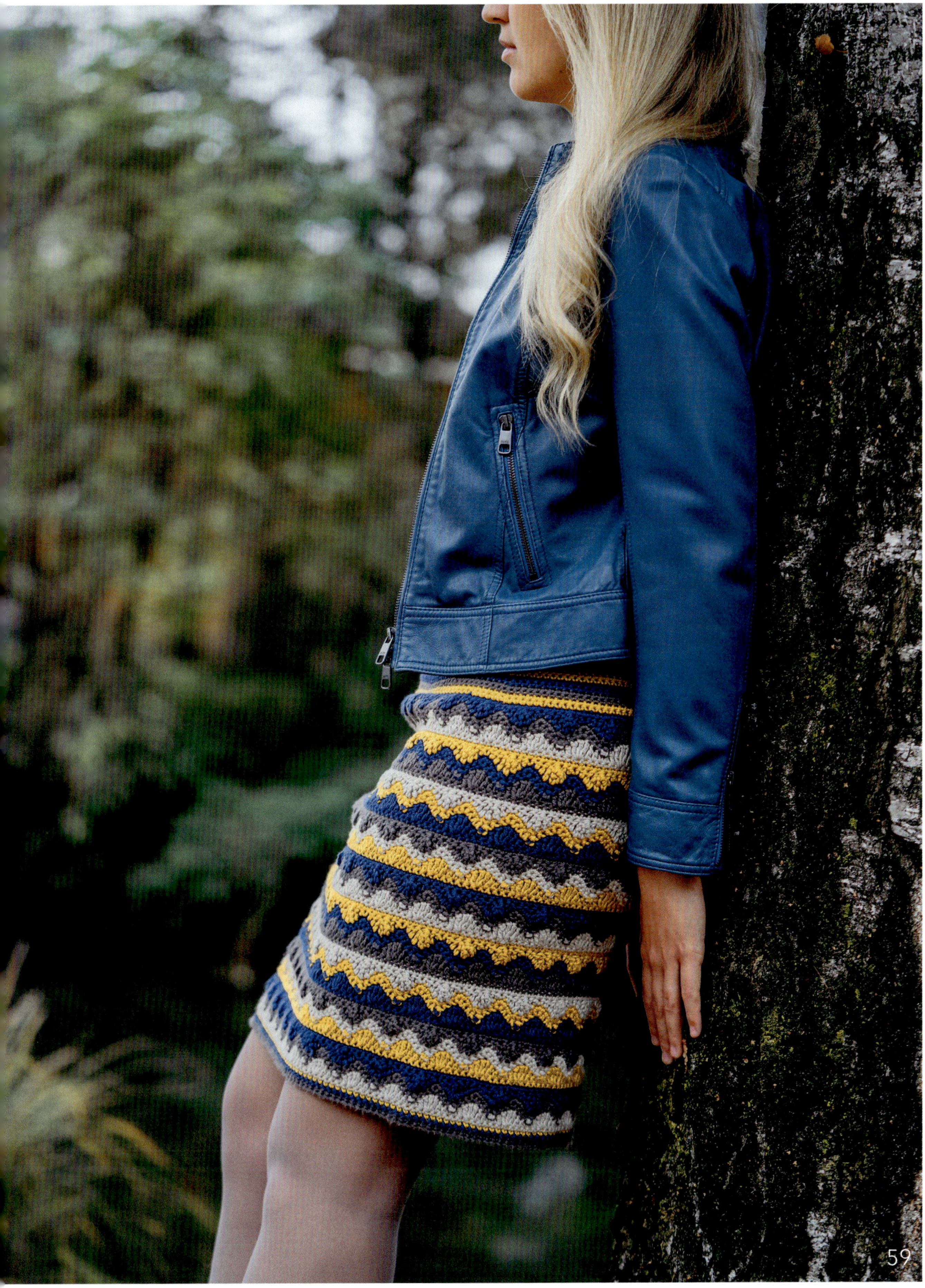

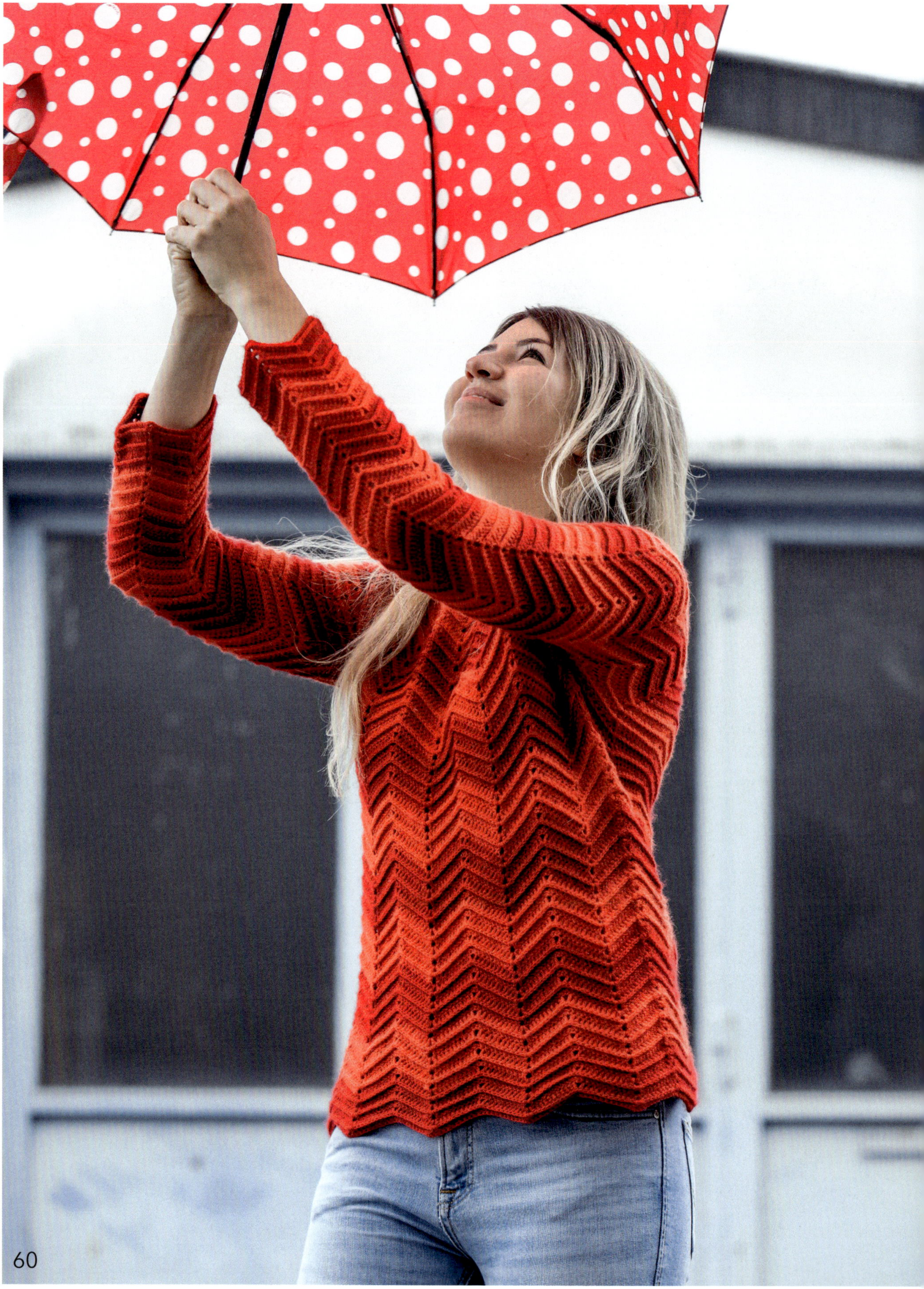

Pullover

Schwierigkeitsgrad: schwierig

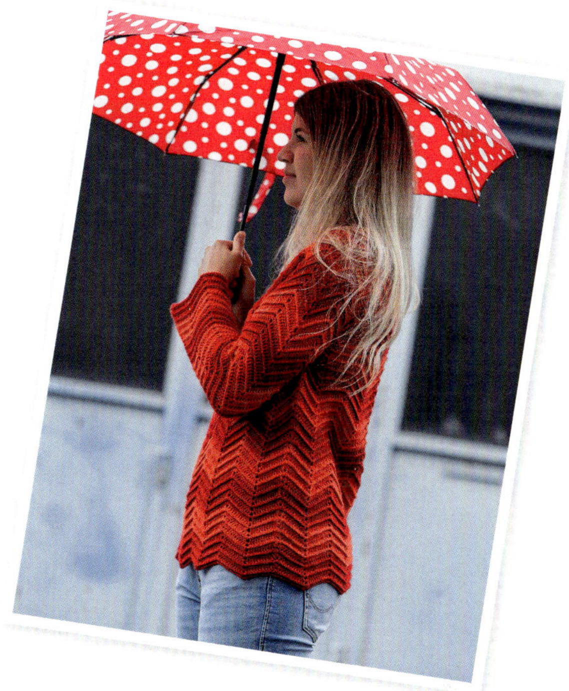

Mit Rundpasse von oben nach unten in einem Stück gehäkelt, bekommt dieser Pullover durch das Zackenreliefmuster von Seite 22 und die breiten Blockstreifen in Rotabstufungen noch einen extra Wow-Effekt.

Größe:

36, 38/40 und 42

Die Angaben für die größeren Größen stehen in Klammern. Steht nur eine Angabe, so gilt diese für alle Größen.

Material:

Lana Grossa Ecopuno (72 % Baumwolle, 17 % Schurwolle Merino, 11 % Baby Alpaka, LL = 215 m/50 g), 250 (300/300) g Kirschrot (Fb 047) und 250 (300/300) g Rot (Fb 006); 1 Häkelnadel in 3 und 3,5 mm; Vernähnadel.

Muster:

Zackenreliefmuster in gewendeten Rd:
Maschenzahl teilbar durch 8. Nach Häkelschrift A in Rd arbeiten.

Jede Runde mit 3 Wende-Luftm und den M nach dem rechten Pfeil beginnen, den Rapport zwischen dem mittleren und dem linken Pfeil stets wiederholen und mit den M vor dem rechten Pfeil und 1 Kettm in die letzte Wende-Luftm enden, dann wenden und die folgende Runde in entgegengesetzte Richtung arbeiten. So liegen allen Rundenübergänge stets senkrecht übereinander.

Die 1.-2. Runde stets wiederholen.

Zunahmeschema:
Maschenzahl anfangs teilbar durch 8. Pro Zunahme-Rd kommen nach und nach pro Rapport 2 M hinzu. Nach Häkelschrift B in Rd arbeiten.

Im Zackenreliefmuster arbeiten, dabei in jeder Zunahme-Rd (hier notiert als 3. Rd) pro Rapport jeweils über den 2 Luftm der Vor-Rd 2 Stb zunehmen. Der Rapport des Zackenreliefmusters nimmt dadurch um jeweils 2 M zu. Gut darauf achten, dass die 2 Luftm und die 2 übersprungenen M des Musters stets übereinander gearbeitet werden.

Die 5.-6. Rd zeigt die Erweiterung des ursprünglichen Musters in der 1.-2. Rd. Die Anleitung beschreibt die Wiederholungseinheiten je nach Größe.

Farbfolge: * 6 Runden Kirschrot, 6 Runden Rot; ab * stets wiederholen, enden mit 6 Runden Kirschrot.

Maschenprobe:

Zackenreliefmuster mit Nadelstärke 3,5 mm:
24 Maschen x 10 Runden = 10 cm x 10 cm.

So wird's gemacht:

Die **Passe** am Halsausschnitt beginnen und in Rd häkeln. Dazu 128 Luftm mit der dickeren Häkelnadel in Kirschrot anschlagen, mit 1 Kettm in die 1. Luftm zur Rd schließen und wie folgt nach Häkelschrift A in der Farbfolge in Rd häkeln: 1x die 1.–4. Rd nach Häkelschrift A arbeiten (16 Rapporte und 32 Zunahmen) = 160 Maschen.

Nach dem Zunahmeschema der 3.–4. Rd noch 6x (8x/9x) in jeder 2. Rd je 32 M zunehmen, dabei über alle zugenommenen M das Zackenreliefmuster erweitern. Dann nur für Größe 36/38 noch 2 Rd im Muster ohne Zunahmen und noch 1x 2 Rd nach Zunahmeschema der 3.–4. Rd häkeln = 384 (416/448) Maschen und 24 (26/28) M pro Rapport.

Für alle Größen im erweiterten Muster ohne Zunahmen weiterarbeiten. Nach insgesamt 24 (25/26) Rd ab Anschlag die M wie folgt aufteilen: 72/78/84 M (= 3 Rapporte) für den 1. Ärmel, 120 (130/140) M (= 5 Rapporte) für das Vorderteil, 72/78/84 M (= 3 Rapporte) für den 2. Ärmel, 120 (130/140) M (= 5 Rapporte) für das Rückenteil.

Für **Rücken- und Vorderteil** über die jeweils 120 (130/140) M mit der dickeren Häkelnadel in Rd und in der Farbfolge weiterarbeiten = 240 (260/280) Maschen und 10 Rapporte. Von nun an keine Zunahmen mehr vornehmen. Nach 66 Rd (= 11 Streifen) oder der gewünschten Länge die Arbeit beenden.

Für die **Ärmel** jeweils über die 72 (78/84) M mit der dickeren Häkelnadel in Rd und in der Farbfolge nach Häkelschrift B weiterarbeiten = 3 Rapporte. Nach 24 Rd (= 4 Streifen) auf die dünnere Häkelnadel wechseln. Nach insgesamt 66 Rd (= 11 Streifen) oder der gewünschten Ärmellänge die Arbeit beenden.

Fertigstellung:

Alle Fäden vernähen. Den Pullover spannen und die Zacken herausformen, anfeuchten und trocknen lassen.

A

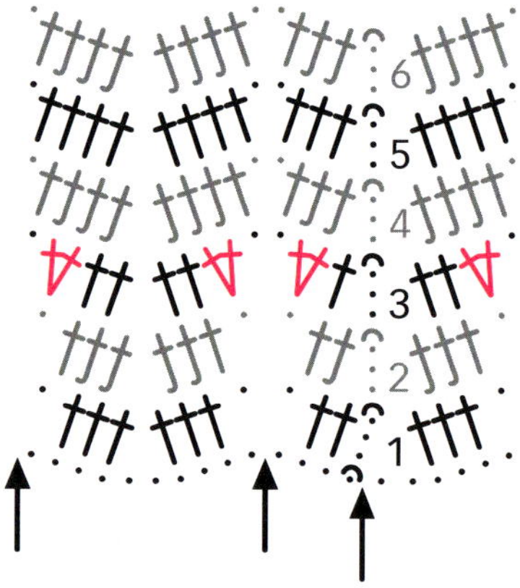

B

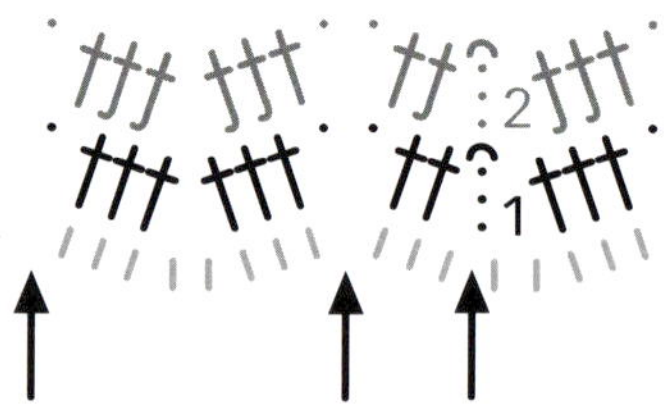

Zeichenerklärung

- · = 1 Luftmasche
- ⌒ = 1 Kettmasche
- † = 1 Stäbchen
- ∀ = 2 Stäbchen in eine Einstichstelle (= 1 Zunahme)
- = 1 Reliefstäbchen von vorne: 1 Umschlag auf die Nadel nehmen, von vorne nach hinten und wieder nach vorne um das Stäbchen der Vor-Reihe herumstechen und 1 Stäbchen häkeln.

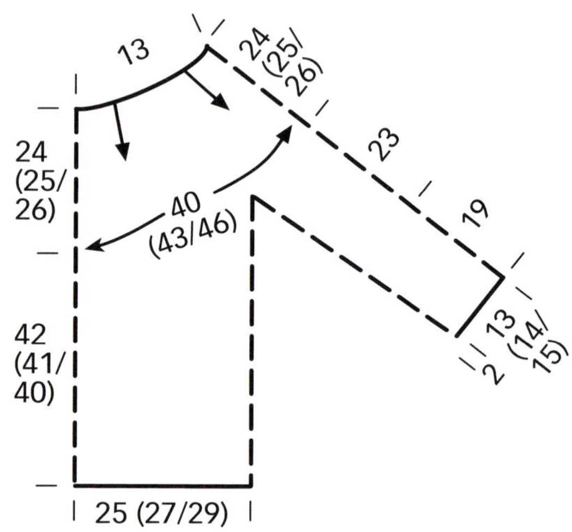

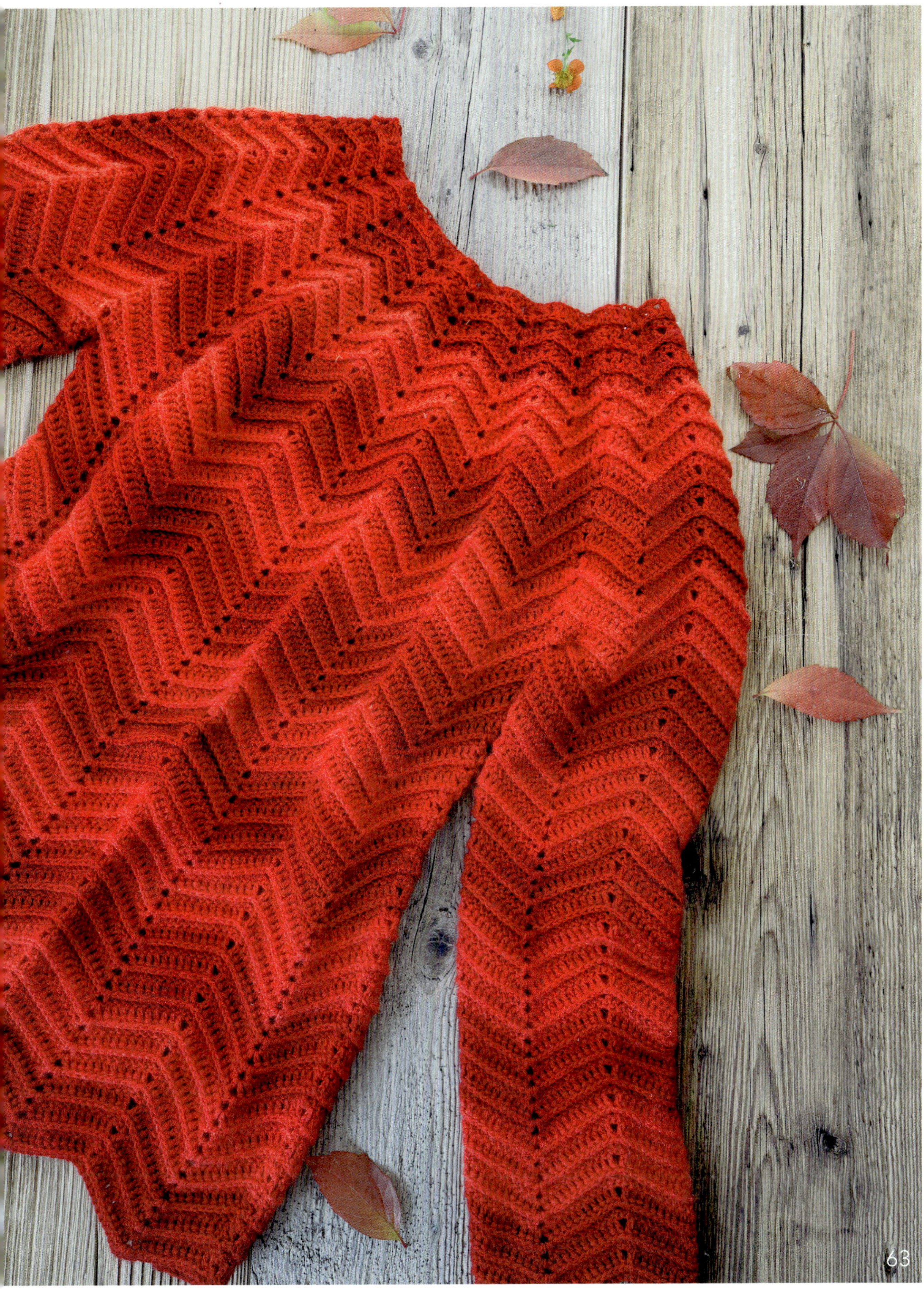

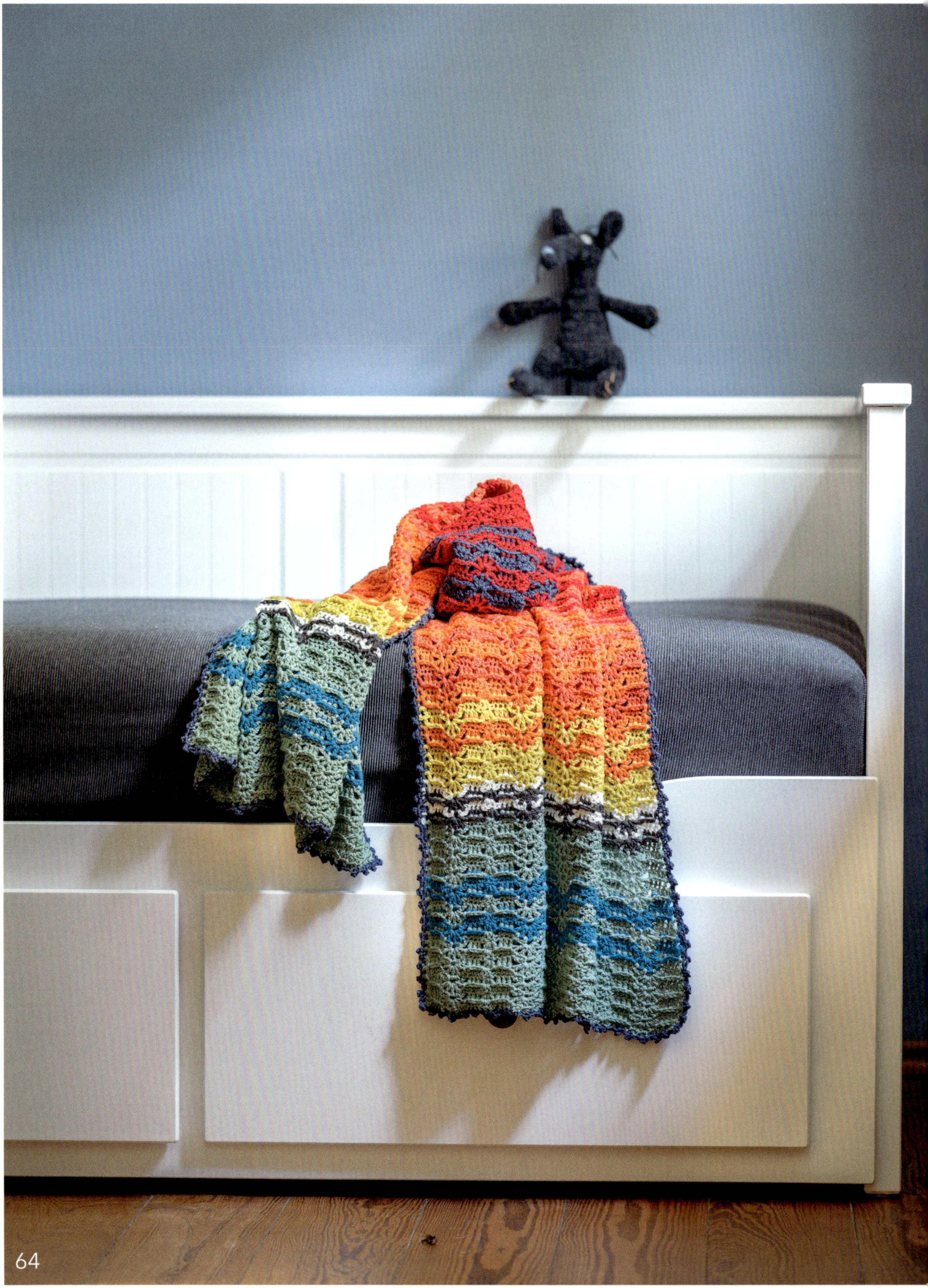

Stola

Schwierigkeitsgrad: mittel

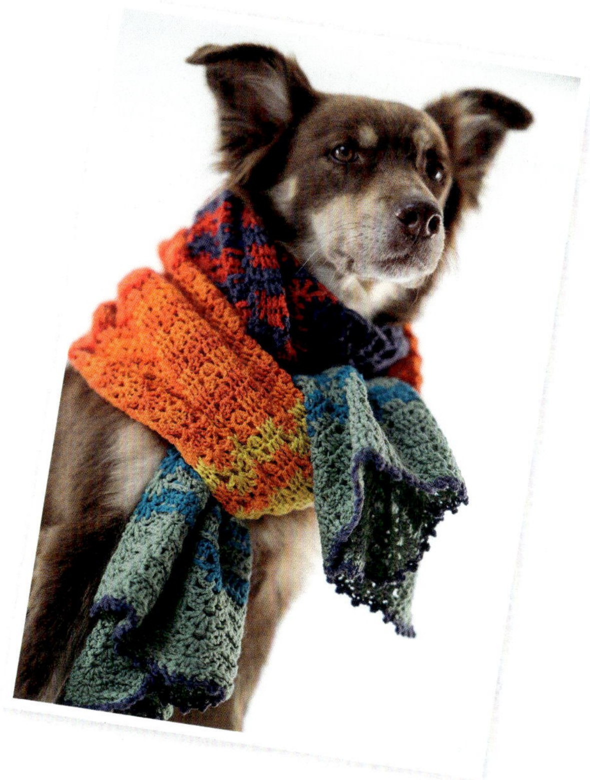

Gute Laune garantiert! Das Sternchen- und Zackenmuster von Seite 24 bekommt für diese Stola Streifen in fröhlich bunten Farben. Von der Mitte aus begonnen zeigen sich an beiden Enden der Stola Wellenlinien.

Größe:

57 cm x 180 cm

Material:

Lang Yarns Merino 200 Bébé (100 % Schurwolle (Merino extrafein), LL = 203 m/50 g), 150 g Kirschrot (Fb 0362), je 100 g Orange (Fb 0359), Rot (Fb 0429), Marine (Fb 0434) und Grün (Fb 0416), je 50 g Petrol (Fb 0388), Schoko (Fb 0367), Weiß (Fb 0302) und Gelb (Fb 0414); 1 Häkelnadel in 5 mm; Vernähnadel.

Muster:

Sternchen- und Zackenmuster:
Maschenzahl teilbar durch 14 + 15 M + 3 Wende-Luftm.

Nach Häkelschrift arbeiten. In der Häkelschrift sind Hin- und Rückreihen notiert. Die Maschen sind so bezeichnet, wie sie gearbeitet werden.

In den Hinreihen mit den M vor dem rechten Pfeil beginnen, den Rapport zwischen den Pfeilen stets wiederholen und mit den M nach dem linken Pfeil enden.
In den Rückreihen die M entsprechend von links nach rechts lesen.

Die 1.–3. Reihe 1x arbeiten, dann die 2.–3. Reihe stets wiederholen.

Randmuster:
1 feste M, * 1 feste M, 1 Pikot (= 3 Luftm, 1 Kettm zurück in die feste M), 2 feste M; ab * stets wiederholen, 1 feste M, 1 Pikot, 1 feste M.

Farbfolge: 5 Reihen in Marine, [2 Reihen in Kirschrot, 2 Reihen in Marine] 4x, 8 Reihen in Kirschrot, [2 Reihen in Rot, 2 Reihen in Kirschrot] 3x, [2 Reihen in Rot, 2 Reihen in Orange] 5x, 4 Reihen in Gelb, 1 Reihe in Weiß, 1 Reihe in Schoko, 1 Reihe in Weiß, 1 Reihen in Schoko, 6 Reihen in Grün, 2 Reihen in Petrol, 2 Reihen in Grün, 2 Reihen in Petrol, 9 Reihen in Grün = 90 Reihen.

Maschenprobe:

18 Maschen x 10 Reihen = 10 cm x 10 cm.

So wird's gemacht:

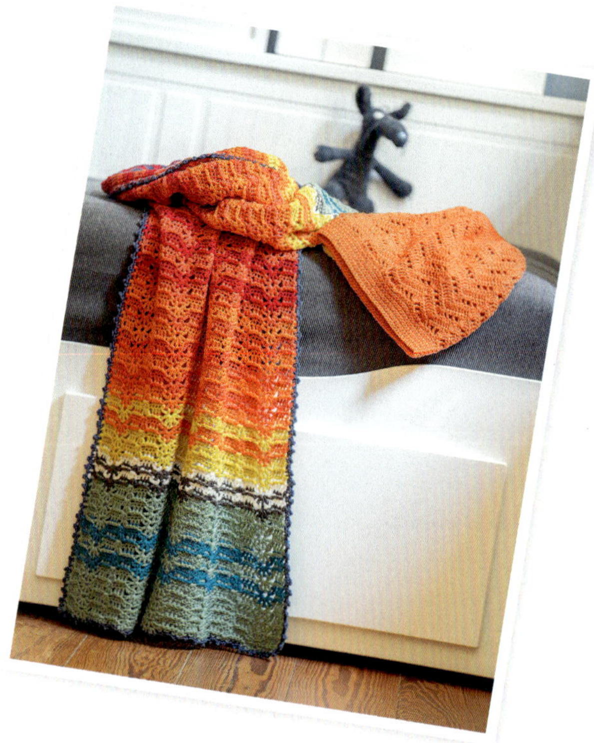

Für die erste Tuchhälfte 99 Luftm + 3 Wende-Luftm in Marine anschlagen. Im Sternchen- und Zackenmuster in der Farbfolge arbeiten. Nach den 90 R der Farbfolge die Arbeit beenden.

Die 2. Tuchhälfte ebenso arbeiten.

Fertigstellung:
Alle Fäden am Rand vernähen. Beide Hälften am Anschlagrand mit Kettm in Marine aneinander häkeln, dann den gesamten Rand der Stola in Marine mit 1 Rd Randmuster umhäkeln. Die Stola waschen (Handwäsche wird empfohlen) und leicht gespannt vollständig trocknen lassen.

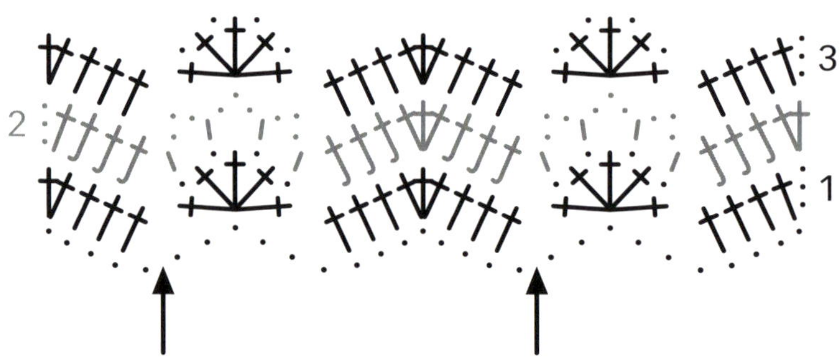

Zeichenerklärung

· = 1 Luftmasche

ı = 1 feste Masche

† = 1 Stäbchen

= 2 Stäbchen in eine Einstichstelle

= 3 Stäbchen in eine Einstichstelle

= 1 Reliefstäbchen von vorne

= 1 Büschel (=1 Stäbchen, 1 Luftmasche, 1 Stäbchen, 1 Luftmasche, 1 Stäbchen, 1 Luftmasche, 1 Stäbchen, 1 Luftmasche, 1 Stäbchen) in eine Einstichstelle

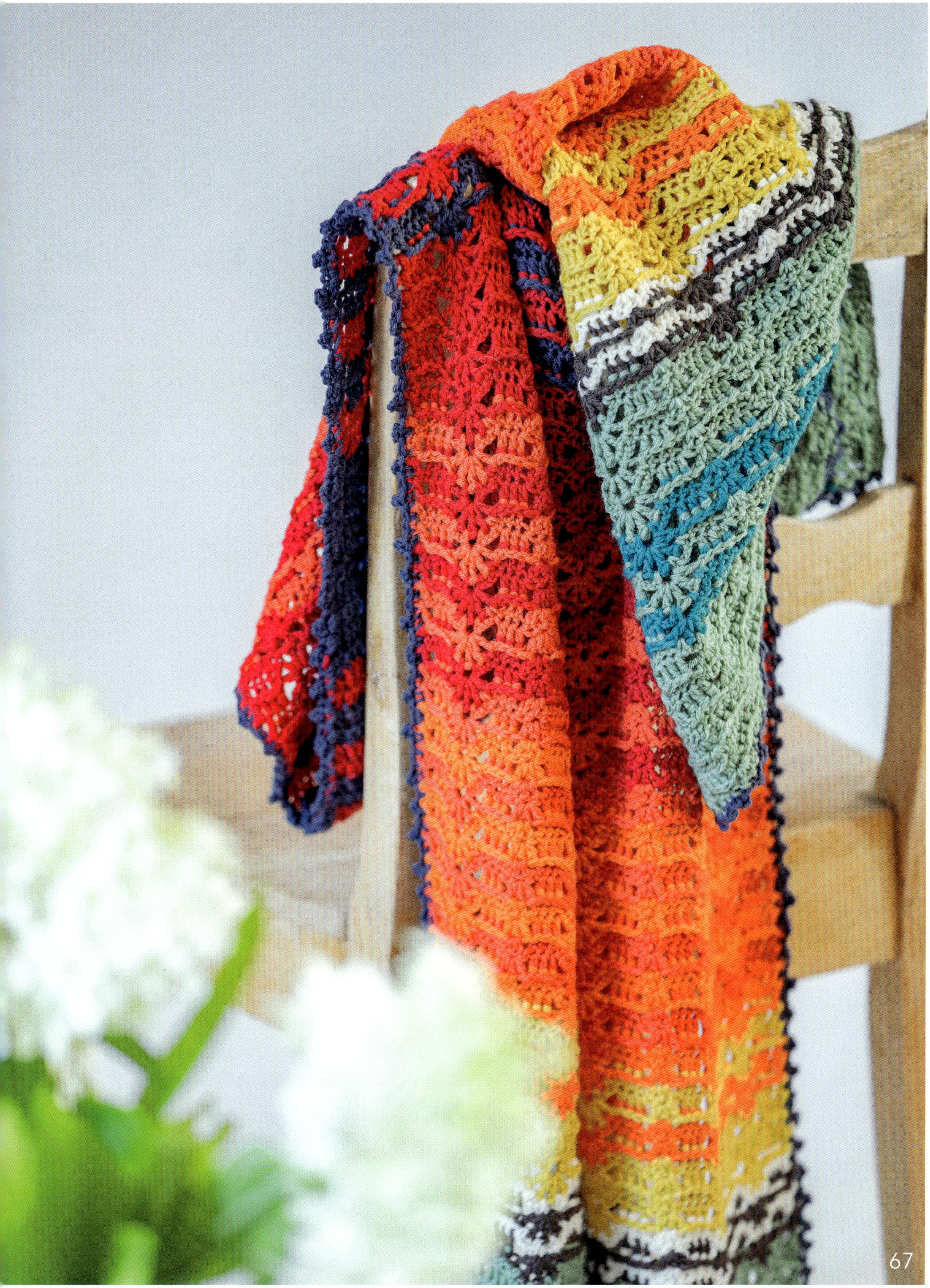

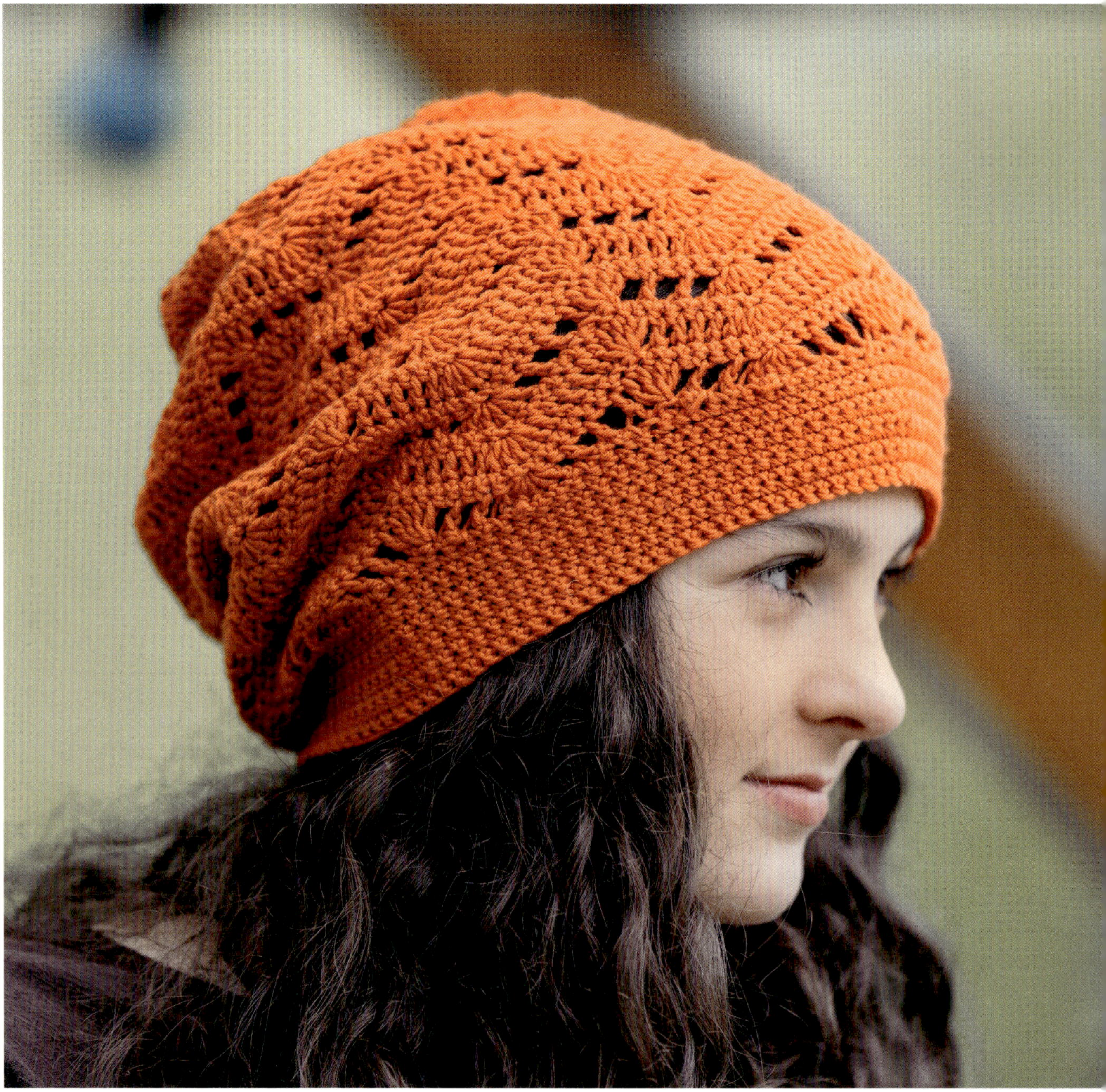

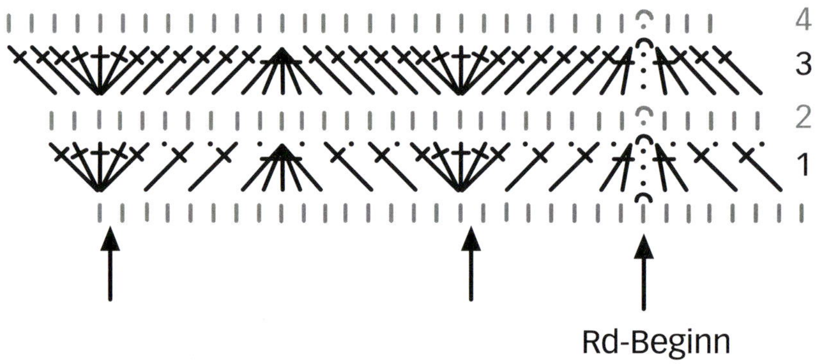

Zeichenerklärung

- · = 1 Luftmasche
- = 1 Kettm
- = 1 feste Masche
- † = 1 Stäbchen
- = 2 zusammen abgemaschte Stäbchen
- = 5 zusammen abgemaschte Stäbchen
- = 5 Stäbchen in eine Einstichstelle

Mütze

Schwierigkeitsgrad: mittel

Das Zackenlochmuster von Seite 26 wird für die Mütze in Runden von der Mützenmitte aus gehäkelt. Zum Schluss kommen noch einige Runden feste Maschen für das Bündchen.

Größe:

Kopfumfang 54–56 cm

Material:

Lang Yarns Merino 150 (100 % Schurwolle (Merino fein), LL = 150 m/50 g), 100 g Orange (Fb 0159); je 1 Häkelnadel in 4 und 4,5 mm.

Muster:

Zackenlochmuster:
Maschenzahl teilbar durch 16 + 3 Wende-Luftm. Die Anzahl an Wende-Luftm variiert in den Runden je nach Maschengröße.

Nach Häkelschrift in Runden arbeiten. In der Häkelschrift sind alle Runden notiert. Die Maschen sind so bezeichnet, wie sie gearbeitet werden.

Jede Runde mit den Steige-Luftm und den M nach dem rechten Pfeil beginnen, den Rapport zwischen dem mittleren und dem linken Pfeil stets wiederholen und mit den M nach dem linken Pfeil, dann den M vor dem rechten Pfeil und 1 Kettm in die letzte Steige-Luftm enden.

Die 1.–4. Runde stets wiederholen.

Feste M in gewendeten Rd:
Jede Runde mit 1 Steige-Luftm beginnen und mit 1 Kettm in die Steige-Luftm schließen, dann die Arbeit wenden und die folgenden Runde in entgegengesetzte Richtung arbeiten. So liegen alle Rundenübergänge stets senkrecht übereinander.

Maschenprobe:

Zackenlochmuster mit Nadelstärke 4,5 mm: 18 Maschen x 12 Runden = 10 cm x 10 cm; **feste Maschen mit Nadelstärke 4 mm:** 21 Maschen x 25 Runden = 10 cm x 10 cm.

So wird's gemacht:

In der Mützenmitte mit einem Fadenring beginnen und mit der dünneren Häkelnadel wie folgt arbeiten: **1. Runde**: 1 Wende-Luftm, 16 feste M in den Ring. Am Fadenende ziehen und damit den Ring schließen. Mit 1 Kettm in die Wende-Luftm Rd schließen und wenden.

Feste M in gewendeten Rd arbeiten und dabei wie folgt zunehmen: **2. Runde:** Jede 2. M verdoppeln (= in jede 2. M 2 feste M häkeln) = 24 Maschen. **3. Runde:** Jede 3. M verdoppeln = 32 Maschen. **4. Runde:** Jede 4. M verdoppeln = 40 Maschen. **5. Runde:** Jede 5. M verdoppeln = 48 Maschen. **6. Runde:** Jede 6. M verdoppeln = 56 Maschen. **7. Runde:** Jede 7. M verdoppeln = 64 Maschen. **8. Runde:** Jede 4. M verdoppeln = 80 Maschen. **9. Runde:** Jede 5. M verdoppeln = 96 Maschen. **10. Runde:** Jede 6. M verdoppeln = 112 Maschen. **11. Runde:** Jede 7. M verdoppeln = 128 Maschen. **12. Runde:** Ohne weitere Zunahmen.

Dann im Zackenlochmuster arbeiten, dabei ab der 2. Rd auf die dickere Häkelnadel wechseln und insgesamt 25 Rd (= 6 Höhenrapporte + 1x die 1. Rd) arbeiten.

Für das Bündchen mit der dünneren Häkelnadel feste M häkeln, dabei in der 1. Rd in jedem der 8 Rapporte gleichmäßig verteilt 3x je 2 M zusammen abmaschen = 24 Abnahmen und 104 Maschen. Nach insgesamt 9 Rd = 3,5 cm die Arbeit beenden.

Fertigstellung:
Alle Fäden vernähen. Das Zackenlochmuster spannen und unter feuchten Tüchern trocknen lassen. Das Bündchen nicht spannen.

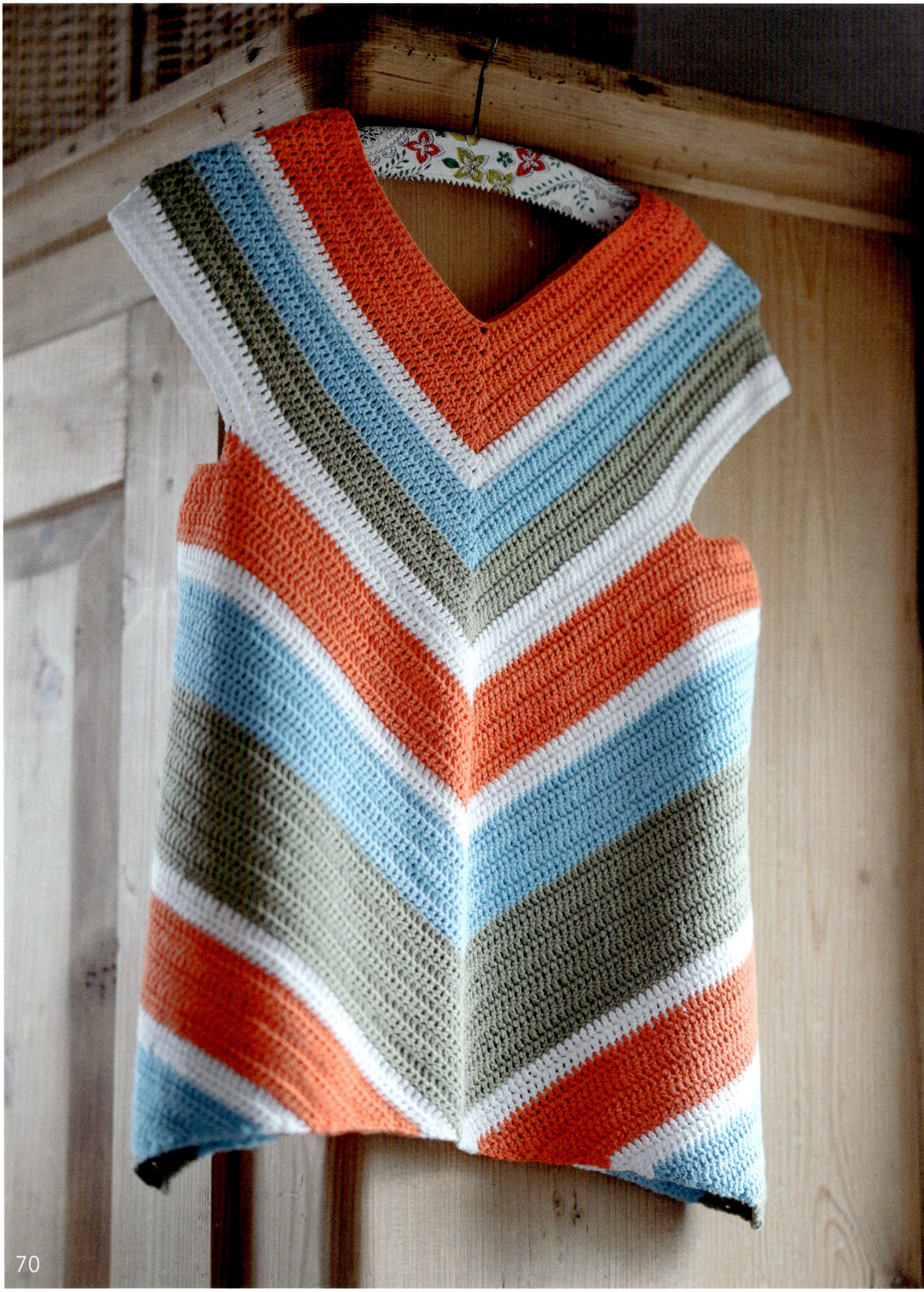

Shirt

Schwierigkeitsgrad: schwierig

Ganz schön auf Zack, dieses Shirt! Das einfache Chevronmuster aus Stäbchen von Seite 28 wird hier in Runden und in unterschiedlich breiten Streifen gehäkelt.

Größe:

36/38, 40 und 42

Die Angaben für die größeren Größen stehen in Klammern. Steht nur eine Angabe, so gilt diese für alle Größen.

Material:

Lana Grossa Elastico (96 % Baumwolle, 4 % Polyester (Elité), LL = 160 m/50 g): 150 (150/200) g Kürbis (Fb 150), 150 (150/200) g Heugrün (Fb 166), 100 (150/150) g Türkisblau (Fb 165) und 100 (150/150) g Weiß (Fb 1); Häkelnadel in 4 mm; Vernähnadel.

Muster:

Stäbchen in geschlossenen Rd:
Jede Runde mit 3 Steige-Luftm beginnen und mit 1 Kettm in die letzte Steige-Luftm beenden.

Einfaches Chevronmuster:
Nach Häkelschrift in Runden arbeiten. In der Häkelschrift sind alle Runden notiert. Die Maschen sind so bezeichnet, wie sie gearbeitet werden. Die Anzahl an Stäbchen, die zwischen Zu- und Abnahmestellen gehäkelt werden, ist der besseren Übsichtlichkeit halber unter der Häkelschrift notiert.

Jede Rd mit den Steige-Luftm und den M nach dem Pfeil beginnen, die M von rechts nach links lesen (notierte Anzahl an M je nach Größe beachten!), dann mit den M vor dem rechten Pfeil und 1 Kettm in die letzte Steige-Luftm enden.

Die 1.–3. Runde 1x arbeiten, dann die 2.–3. Runde stets wiederholen.

Farbfolge 1: 6 (7/8) Runden in Kürbis, 2 Runden in Weiß, 4 Runden in Türkisblau, 4 (5/6) Runden in Heugrün, 3 Runden in Weiß, **6 Runden in Kürbis**, 2 Runden in Weiß, 6 Runden in Türkisblau, 10 Runden in Heugrün = 43 (45/47) Runden.

Farbfolge 2: 2 Reihen in Weiß, 6 Reihen in Kürbis, 2 Reihen in Weiß, 6 Reihen in Türkisblau, 4 (5/6) Reihen in Heugrün = 20 (21/22) Reihen.

Maschenprobe:

20 Maschen x 12 Reihen/Runden = 10 cm x 10 cm.

So wird's gemacht:

Das Shirt am Halsausschnitt beginnen und in Runden von oben nach unten häkeln. Dazu 124 Luftm in Kürbis anschlagen, mit 1 Kettm in die 1. Luftm zur Rd schließen und den Rundenbeginn markieren (= Ärmelmitte).

In der Farbfolge 1 Stäbchen in geschlossenen Rd arbeiten, dabei die M wie folgt einteilen: 3 Wende-Luftm, 30 Stäbchen, 5 Stäbchen in die folgende M, dabei die mittlere der 5 M markieren (= Vorderteilmitte), 30 Stäbchen häkeln, 1 Stäbchen häkeln und markieren (= Ärmelmitte), 30 Stäbchen häkeln, 5 Stäbchen in die folgende M, dabei die mittlere der 5 M markieren (= Rückenteilmitte), 30 Stäbchen und mit 1 Kettm in die letzte Steige-Luftm zur Rd schließen = 8 Zunahmen und 132 Maschen. Weiter Stäbchen in Rd arbeiten, dabei für die Formgebung der Rundpasse 18x (20x/22x) in jeder Rd in die markierte vordere und rückwärtige Mittel-M jeweils 5 Stäbchen häkeln (8 Zunahmen pro Rd) = 276 (292/308) Maschen und 19 (21/23) Runden. Die Arbeit nach der Kettm beenden.

Die mittleren 87 (91/95) M von Vorder- und Rückenteil markieren. In der folgenden Rd die Seitenteile unter den Armen mit Luftm neu anschlagen, der Rd-Beginn verläuft fortan unter dem rechten Arm: **20. (22./24.) Runde:** In Kürbis 10 (12/14) Luftm anschlagen, über die 87 (91/95) M des Vorderteils Stäbchen arbeiten, dabei in die Mittel-M 3 Stäbchen häkeln (= 2 Zunahmen), 19 (23/27) Luftm anschlagen, über die 87 (91/95) M des Rückenteils Stäbchen arbeiten, dabei in die Mittel-M 3 Stb häkeln (= 2 Zunahmen), 9 (11/13) Luftm und mit 1 Kettm in die 1. Luftm zur Rd schließen = 216 (232/248) Maschen. Die Mittel-M der je 19 (23/27) neu angeschlagenen M als Seitenlinien markieren.

In Kürbis weitere 5 Rd Stäbchen arbeiten, dabei in jeder Rd in die Mittel-M von Vorder- und Rückenteil je 3 Stb häkeln (20 Zunahmen) = 236 (252/268) Maschen. Die letzten 6 Runden wurden in der Farbfolge zur besseren Orientierung mit ** markiert.

Nun in der Farbfolge im Chevronmuster nach Häkelschrift fortfahren. Die M-Zahl ändert sich durch die ausgeglichenen Zu- und Abnahmen nun nicht mehr. Nach den insgesamt 43 (45/47) Rd der Farbfolge 1 die Arbeit beenden.

Für den unteren Abschluss in Hin- und RückR in Farbfolge 2 über jeweils 117 (125/133) M von Vorderteilmitte bis Rückenteilmitte (die Mittel-M von Vorder- und Rückenteil selbst unbearbeitet lassen): Faden in Weiß an der 2. M ab Vorderteilmitte anschlingen, 3 Wende-Luftm, 1 M überspringen, 2 zusammen abgemaschte Stäbchen, 54 (58/62) Stäbchen, 3 zusammen abgemaschte Stäbchen (= Seitenlinie), 54 (58/62) Stäbchen, 3 zusammen abgemaschte Stäbchen (6 Abnahmen) = 111 (119/127) Maschen. Dieses Abnahmeschema in jeder R wiederholen. In der 20. (21./22.) R der Farbfolge 2 die restlichen 3 M (1x 3 M und 1x 2 M/1x 4 M und 1x 3 M) zusammen abmaschen. Dann die Arbeit beenden und die andere Seite ebenso beenden.

Fertigstellung:
Alle Fäden vernähen. Das Shirt spannen, anfeuchten und trocknen lassen.

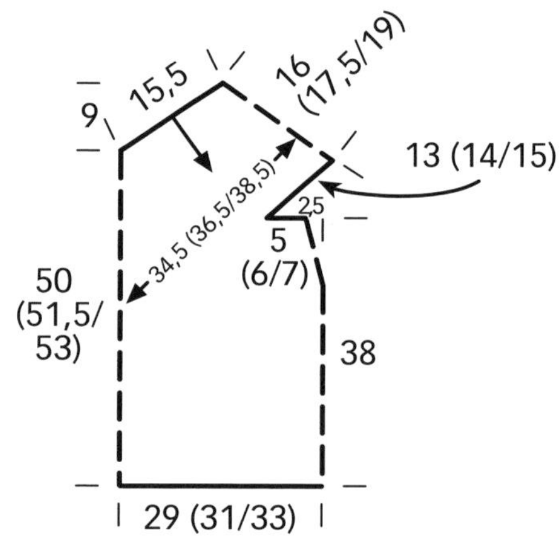

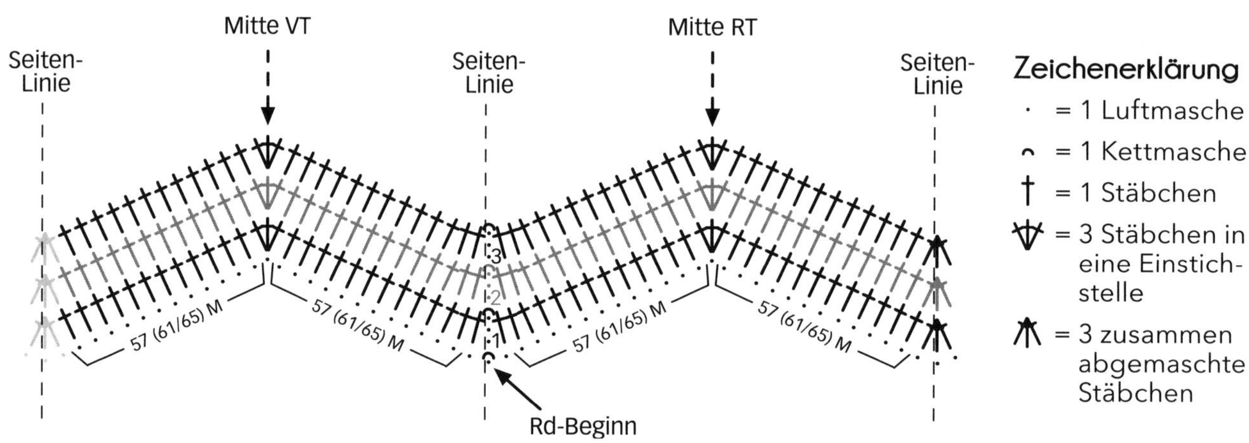

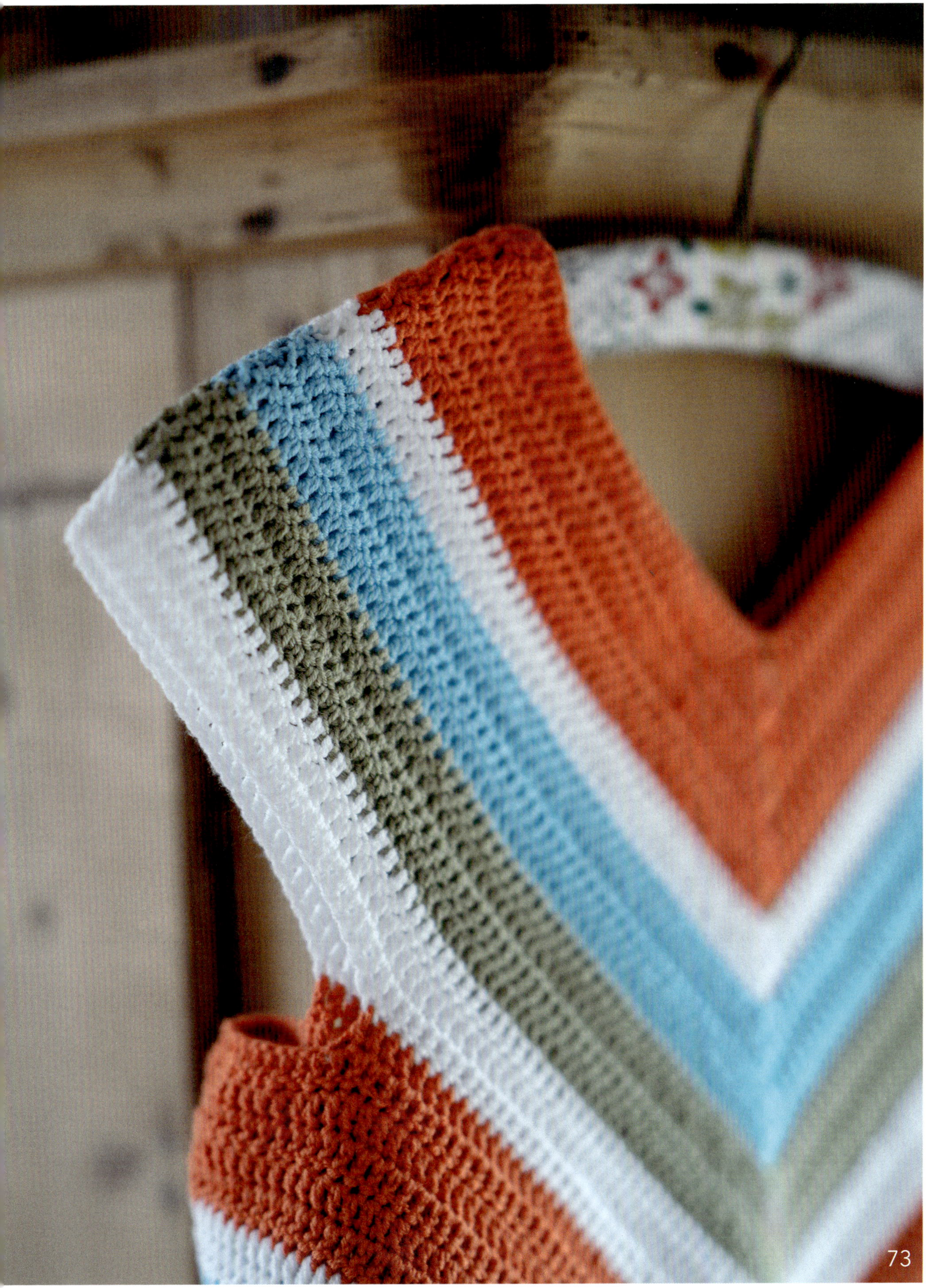

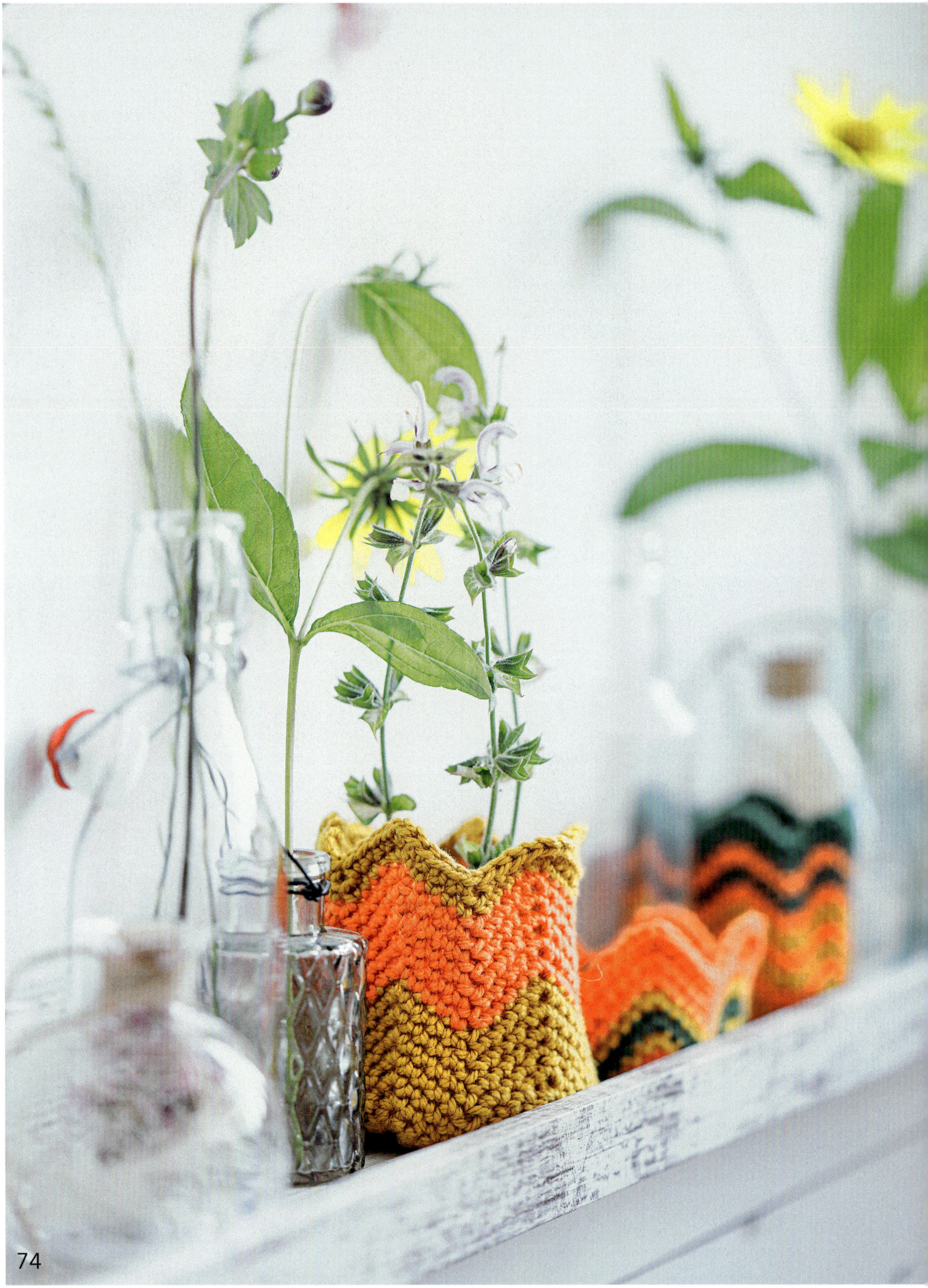

Körbchen

Schwierigkeitsgrad: einfach

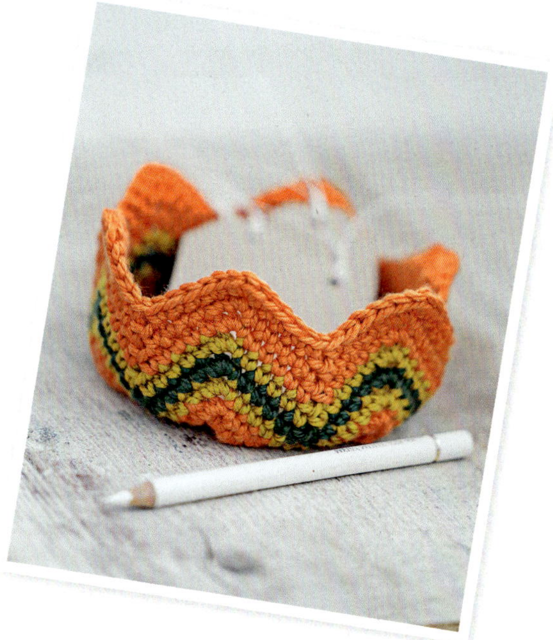

Einfach vielseitig, so ein Körbchen von klein bis groß, und immer ein tolles Geschenk! Ob bunt gestreift oder auch mal uni: Es ist schnell an einem Abend gehäkelt. Das kleine Chevronmuster von Seite 30 ist dafür wie gemacht und ergibt am Rand einen interessanten Zackenabschluss.

Größe:

7 cm x 8 cm (9 cm x 10 cm/5 cm x 12 cm) Höhe x Durchmesser

Die Angaben für die größeren Größen stehen in Klammern. Steht nur eine Angabe, so gilt diese für alle Größen.

Material:

Lang Yarns Tissa (100 % Baumwolle, LL = 80 m/50 g): für Körbchen 1 und 3 je 50 g Senfgelb (Fb 0150), Orange (Fb 0159) und Dunkelgrün (Fb 0037); für Körbchen 2 je 50 g Senfgelb (Fb 0150) und Orange (Fb 0159) oder Reste in den jeweiligen Farben; Häkelnadel in 4 mm; Vernähnadel; Nähgarn in passender Farbe, Nähnadel.

Muster:

Kleines Chevronmuster:
Maschenzahl teilbar durch 9 (11/13) + 1 Wende-Luftm.

Nach Häkelschrift A (B/C) arbeiten. Es ist jede Runde gezeichnet.

Jede Runde mit 1 Wende-Luftm und den M nach dem rechten Pfeil beginnen, den Rapport zwischen dem mittleren und dem linken Pfeil stets wiederholen und mit den M nach dem linken Pfeil, dann den M vor dem rechten Pfeil und 1 Kettm in die letzte Wende-Luftm enden.

Die 1.–3. Runde 1x arbeiten, dann die 2.–3. Runde stets wiederholen.

Farbfolge 1: 2 Runden in Orange, * 1 Runde in Senfgelb, 1 Runde in Orange; ab * noch 3 x wiederholen, 1 Runde in Dunkelgrün, 1 Runde in Orange, 2 Runden in Dunkelgrün = 14 Runden.

Farbfolge 2: 9 Runden in Senfgelb, 5 Runden in Orange, 2 Runden in Senfgelb = 16 Runden.

Farbfolge 3: 3 Runden in Orange, 1 Runde in Senfgelb, 1 Runde in Dunkelgrün, 1 Runde in Senfgelb, 3 Runden in Orange = 9 Runden.

Maschenprobe:

23 Maschen x 16 Reihen/Runden = 10 cm x 10 cm.

So wird's gemacht:

Für das **kleine Körbchen** 54 Luftm in Orange anschlagen und mit 1 Kettm in die 1. Luftm zur Rd schließen. Im kleinen Chevronmuster nach Häkelschrift A und in der Farbfolge 1 in Rd häkeln.

Nach 14 Rd in der Farbfolge die Arbeit beenden.

Für das **mittlere Körbchen** 66 Luftm in Senfgelb anschlagen und mit 1 Kettm in die 1. Luftm zur Rd schließen. Im kleinen Chevronmuster nach Häkelschrift B und in der Farbfolge 2 in Rd häkeln.

Nach 16 Rd in der Farbfolge die Arbeit beenden.

Für das **größere Körbchen** 78 Luftm in Orange anschlagen und mit 1 Kettm in die 1. Luftm zur Rd schließen. Im kleinen Chevronmuster nach Häkelschrift C und in der Farbfolge 3 in Rd häkeln.

Nach 9 Rd in der Farbfolge die Arbeit beenden.

Fertigstellung:
Alle Fäden vernähen. Die Zacken der Anschlags-R mit Nähgarn wie folgt aneinandernähen: Die sich gegenüberliegenden Schrägen miteinander verbinden, die Spitzen der Zacken treffen dabei aufeinander. Der Boden ist somit geschlossen. Zur Ausformung des Körbchens über Nacht ein feuchtes Tuch in das Körbchen geben.

A

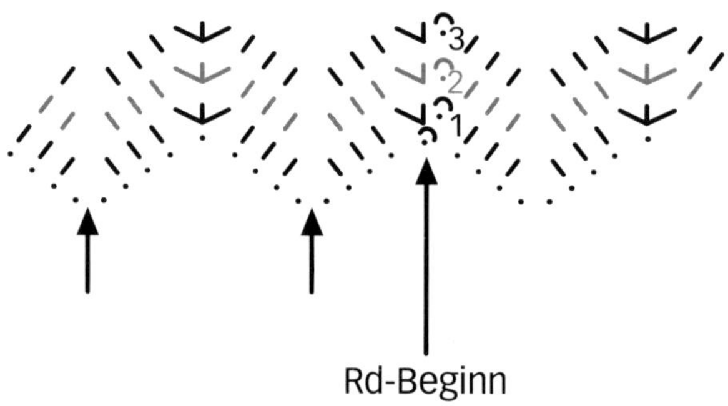

B

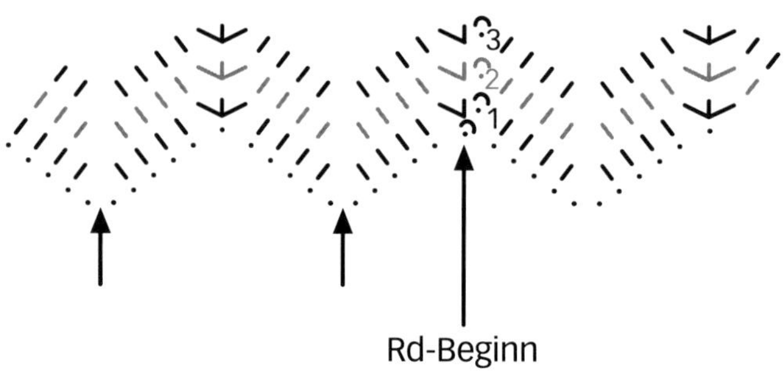

C

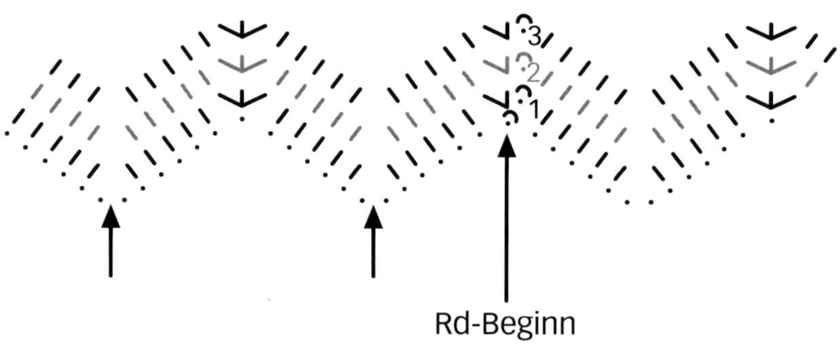

Zeichenerklärung

- · = 1 Luftmasche
- ⌒ = 1 Kettmasche
- I = 1 feste Masche
- V = 2 feste Maschen in eine Einstichstelle
- ⋁ = 3 feste Maschen in eine Einstichstelle

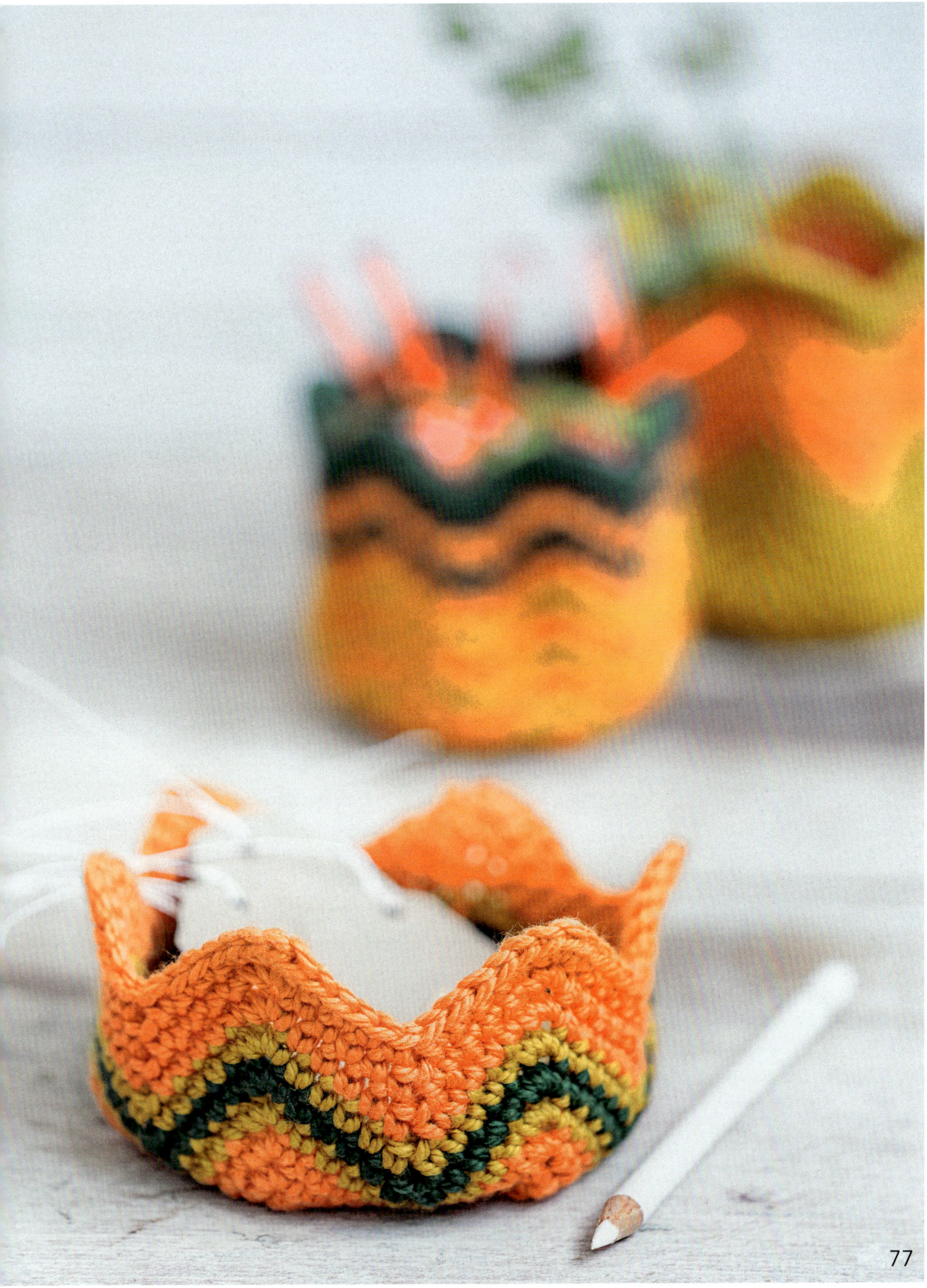

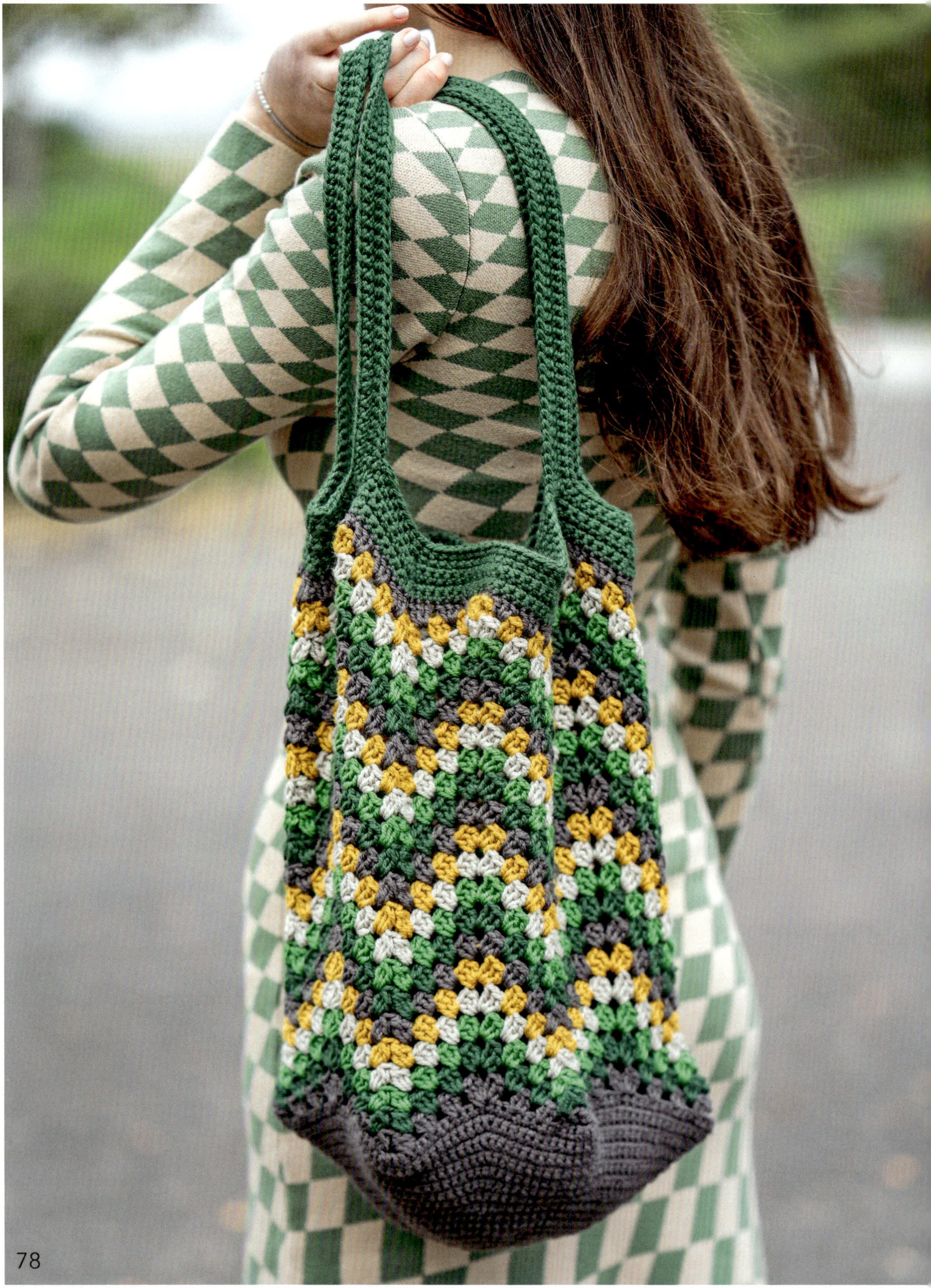

Tasche

Schwierigkeitsgrad: einfach

Super, so eine schöne bunte Tasche für viele Gelegenheiten. Man häkelt in Runden zuerst den Boden mit festen Maschen, dann das kunterbunte Granny Zackenmuster von Seite 32 und die Henkel wieder mit festen Maschen. Ideal auch, um Garnreste zu verarbeiten.

Größe:

70 cm Umfang, 30 cm hoch

Material:

Lang Yarns Tissa (100 % Baumwolle, LL = 80 m/50 g): 100 g Graubraun (Fb 0167), 100 g Dunkelgrün (Fb 0037), 50 g Grün (Fb 0016), 50 g Beton (Fb 0196), 50 g Senfgelb (Fb 0150); Häkelnadeln in 3,5 und 4 mm; Vernähnadel.

Muster:

Feste M in gewendeten Runden: Jede Rd mit 1 Wende-Luftm beginnen und mit 1 Kettm in die Wende-Luftm schließen, dann wenden und die folgende Rd in die entgegengesetzte Richtung arbeiten. So liegen alle Rd-Übergänge stets senkrecht übereinander.

Granny Zackenmuster:
Maschenzahl teilbar durch 23.

Nach Häkelschrift arbeiten. Es ist jede Runde gezeichnet.

Jede Runde mit 3 Wende-Luftm und den M nach dem rechten Pfeil beginnen, den Rapport zwischen dem mittleren und dem linken Pfeil stets wiederholen und mit den M vor dem rechten Pfeil und 1 Kettm in die letzte Wende-Luftm enden. Die 1. Runde bezeichnet zur besseren Übersicht die letzte Boden-Runde.

Die 2.–4. Runde 1x arbeiten, dann die 3.–4. Runde stets wiederholen.

Farbfolge: * Je 1 Runde in Graubraun, Dunkelgrün, Grün, Beton und Senfgelb; ab * stets wiederholen.

Maschenprobe:

Feste Maschen mit Nadelstärke 3,5 mm:
17 Maschen x 24 Runden = 10 cm x 10 cm;
Granny Zackenmuster mit Nadelstärke 4 mm:
20 Maschen x 10 Runden = 10 cm x 10 cm.

So wird's gemacht:

Für den **Taschenboden** mit der dünneren Häkelnadel eine Fadenschlinge in Graubraun legen. **1. Runde:** 1 Steige-Luftm, 8 feste M in den Ring. Das Fadenende anziehen, bis sich der Ring schließt, die Rd mit 1 Kettm in die Wende-Luftm schließen und wenden.

Nun feste M in gewendeten Rd mit folgenden Zunahmen arbeiten: **2. Runde:** Jede M verdoppeln = 16 Maschen. **3. Runde:** Jede 2. M verdoppeln = 24 Maschen. **4. Runde**: Ohne Zunahmen. **5. Runde:** Jede 3. Masche verdoppeln = 32 Maschen. **6. Runde:** Ohne Zunahmen. **7. Runde:** Jede 4. Masche verdoppeln = 40 Maschen. **8. Runde:** Jede 5. Masche verdoppeln = 48 Maschen. **9. Runde:** Jede 6. Masche verdoppeln = 56 Maschen. **10. Runde:** Ohne Zunahmen. **11. Runde:** Jede 7. Masche verdoppeln = 64 Maschen. **12. Runde:** Ohne Zunahmen. **13. Runde:** Jede 8. Masche verdoppeln = 72 Maschen. **14. Runde**: Ohne Zunahmen. **15. Runde:** Jede 9. Masche verdoppeln = 80 Maschen. **16. Runde:** Jede 10. Masche verdoppeln = 88 Maschen. **17. Runde:** Jede 11. Masche verdoppeln = 96 Maschen. **18. Runde:** Ohne Zunahmen. **19. Runde:** Jede 12. Masche verdoppeln = 104 Maschen. **20. Runde:** Ohne Zunahmen. **21. Runde:** Jede 13. Masche verdoppeln = 112 Maschen. **22. Runde:** Ohne Zunahmen. **23. Runde:** Jede 14. Masche verdoppeln = 120 Maschen. **24. Runde:** Ohne Zunahmen. **25. Runde:** Jede 15. Masche verdoppeln = 128 Maschen. **26. Runde:** Ohne Zunahmen. **27. Runde:** Jede 16. Masche verdoppeln = 136 Maschen. **28. Runde:** Gleichmäßig verteilt 2 M verdoppeln = 138 Maschen. **29. und 30. Runde:** Ohne Zunahmen.

Mit der dickeren Häkelnadel im Granny Zackenmuster in der Farbfolge in Runden weiterarbeiten = 6 Rapporte. Nach 29 cm im Granny Zackenmuster noch 1 Runde mustergemäß häkeln, dabei aber in jedem Rapport die 3 Luftm zwischen den Stäbchen-Gruppen auslassen (18 Abnahmen) = 120 Maschen. Dann in Dunkelgrün mit der dünneren Häkelnadel noch 4 Rd feste M häkeln.

Für die **Henkel** in Dunkelgrün mit der dünneren Häkelnadel ab Rd-Beginn: 1 Steige-Luftm, 15 feste M, mit 85 Luftm (nicht zu fest anschlagen) 30 M überspringen, 30 feste M, mit 85 Luftm 30 M überspringen, 15 feste M. Die Runde mit 1 Kettmasche in die Steige-Luftm schließen. Über alle Maschen noch 4-5 Rd feste Maschen häkeln, dann die Arbeit beenden.

Fertigstellung:
Alle Fäden vernähen. Die Tasche spannen und mit feuchten Tüchern bedeckt trocknen lassen. Damit der Boden schön flach wird, den Boden spannen und über Nacht ein feuchtes Handtuch einlegen.

Zeichenerklärung

- · = 1 Luftmasche
- ⌒ = 1 Kettmasche
- ı = 1 feste Masche
- † = 1 Stäbchen
- = 3 zusammen abgemaschte Stäbchen in eine Einstichstelle, ab der 3. Reihe 3 Stäbchen zwischen 2 Stäbchen-Gruppen der Vor-Runde
- = 1 Noppe (= 3 zusammen abgemaschte Stäbchen in eine Einstichstelle, ab der 3. Runde 3 zusammen abgemaschte Stäbchen zwischen Stäbchen-Gruppe und Noppe, beziehungsweise zwischen Noppe und Stäbchen-Gruppe der Vor-Runde)

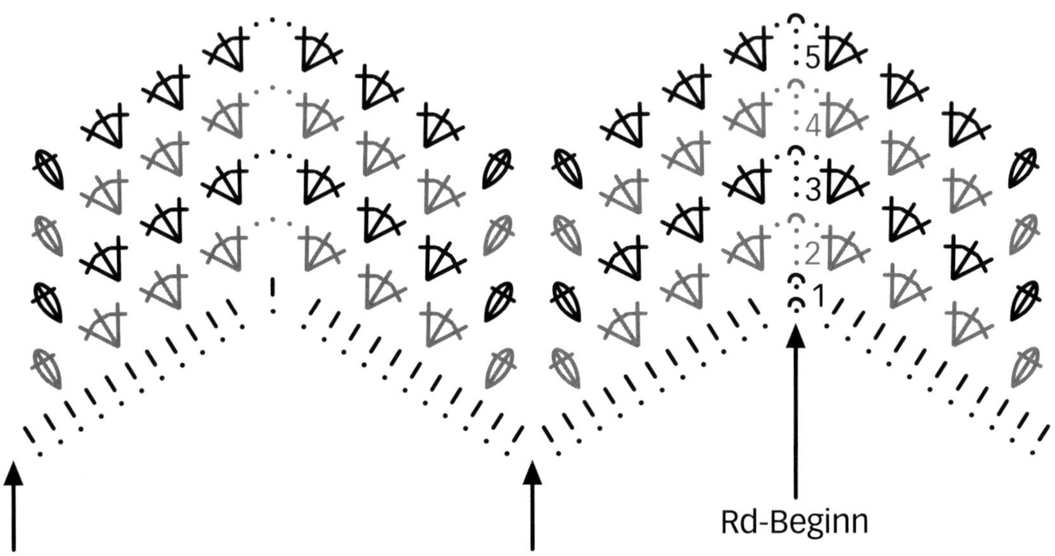

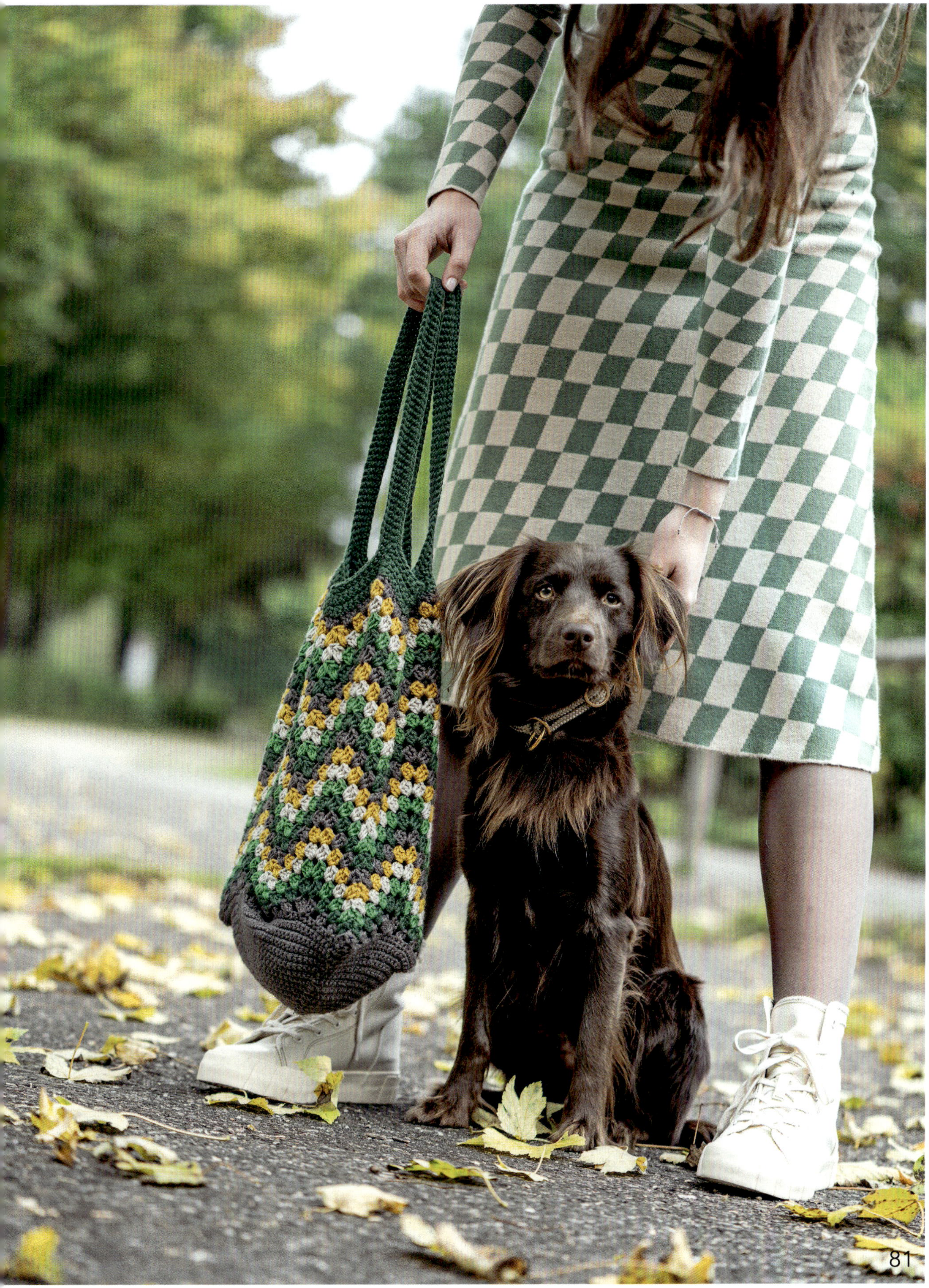

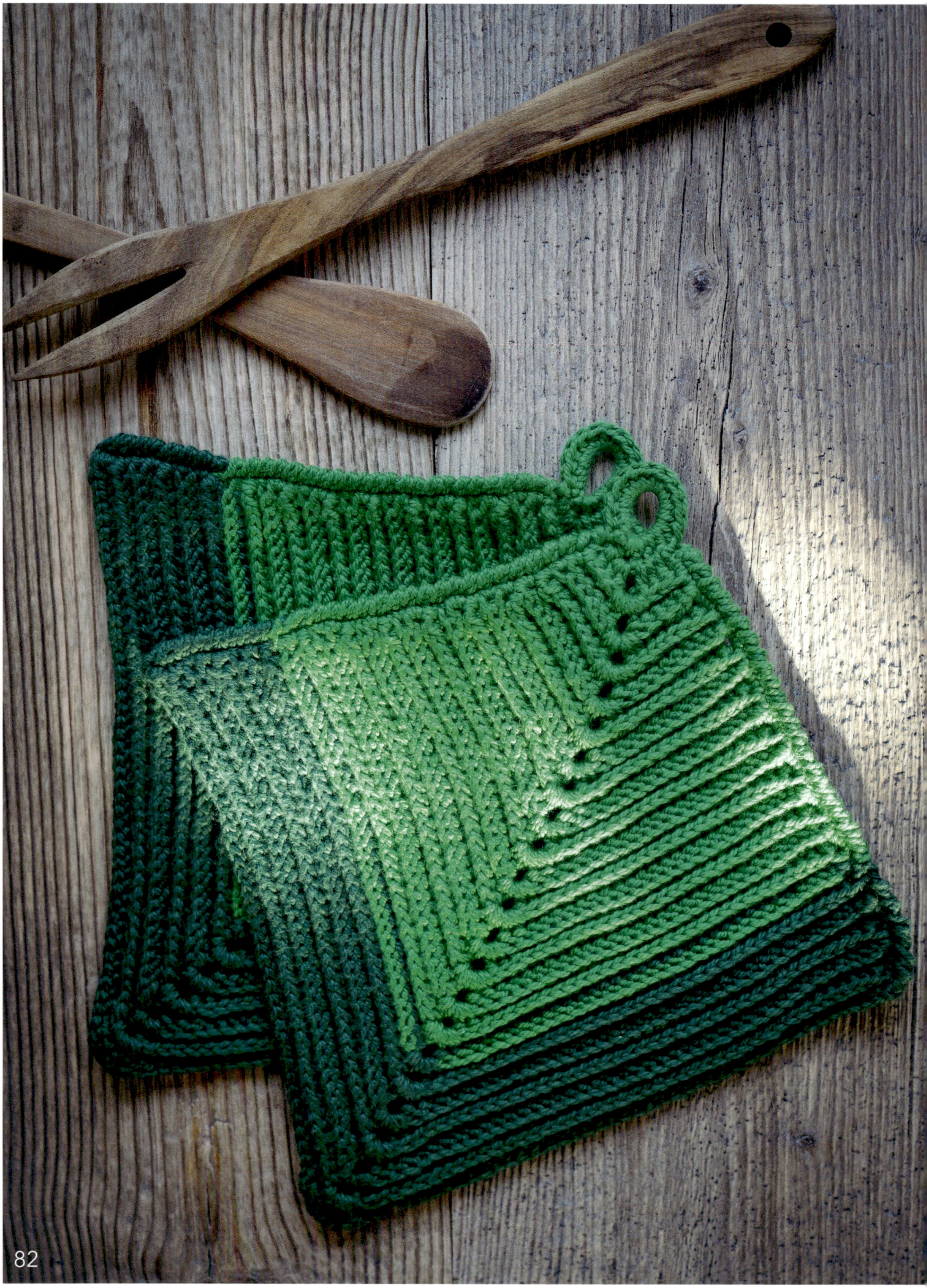

Topflappen

Schwierigkeitsgrad: einfach

Bei diesen Topflappen sorgen die dichten Reliefzacken von Seite 34 dafür, dass Sie sich nicht die Finger verbrennen. Topflappen sind aus der Küche nicht wegzudenken und immer ein individuelles Geschenk.

Größe:

20 cm x 20 cm

Material:

Lang Yarns Tissa (100 % Baumwolle, LL = 80 m/50 g): 100 g Grün (Fb 0016) und 50 g Dunkelgrün (Fb 0037); Häkelnadel in 4 mm; Vernähnadel.

Muster:

Dichte Reliefzacken:
Nach Häkelschrift arbeiten. Die Anzahl an Wende-Luftm variiert in den Reihen je nach Maschengröße. Es sind Hin- und Rückreihen notiert. Die Maschen sind so bezeichnet, wie sie gearbeitet werden. Durch die Zunahmen in der Mitte werden pro Reihe insgesamt 4 Maschen zugenommen.

Die 1.–5. Reihe 1x arbeiten, dann die 4.–5. Reihe stets wiederholen.

Maschenprobe:

20 Maschen x 13 Reihen = 10 cm x 10 cm.

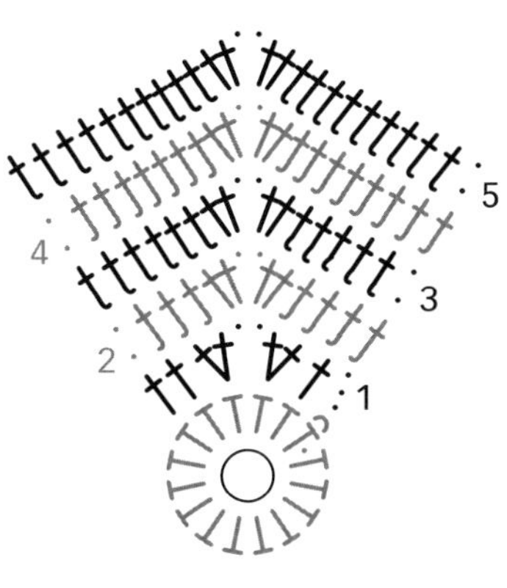

So wird's gemacht:

Für den **Aufhänger** 10 Luftm in Grün anschlagen und mit 1 Kettm in die 1. M zum Ring schließen. 2 Wende-Luftm, 16 halbe Stäbchen in den Ring, 1 Kettm in die Wende-Luftm.

Dann den **Topflappen** über die ersten 5 M nach Häkelschrift arbeiten. Die quadratische Form ergibt sich aus den Zunahmen. Die 1.–5. R 1x arbeiten, dann das Zunahme-Prinzip der 4.–5. R stets wiederholen. Auf diese Weise werden in jeder Reihe 4 M zugenommen. Nach insgesamt 17 R in Grün noch 6 R in Dunkelgrün häkeln, dann die Arbeit beenden. Den 2. Topflappen ebenso häkeln.

Fertigstellung:
Alle Fäden vernähen. Die Seitenränder der Topflappen in der jeweiligen Farbe mit 1 Reihe feste Maschen und 1 Reihe Krebsmaschen (= feste Maschen von links nach rechts) behäkeln. Die Topflappen in Form ziehen, anfeuchten und trocknen lassen.

Zeichenerklärung

- · = 1 Luftmasche
- ⌢ = 1 Kettmasche
- T = 1 halbes Stäbchen
- † = 1 Stäbchen
- ∀ [symbol: two Stäbchen joined at the base] = 2 Stäbchen in eine Einstichstelle
- ƫ [symbol: Stäbchen with a hook curving to the left at the bottom] = Relief-Stäbchen von vorne (= 1 Umschlag auf die Nadel nehmen, von vorne nach hinten und wieder nach vorne um das Stäbchen der Vor-Reihe herumstechen und 1 Stäbchen häkeln)
- ƭ [symbol: Stäbchen with a hook curving to the right at the bottom] = Relief-Stäbchen von hinten (= 1 Umschlag auf die Nadel nehmen, von hinten nach vorne und wieder nach hinten um das Stäbchen der Vor-Reihe herumstechen und 1 Stäbchen häkeln)

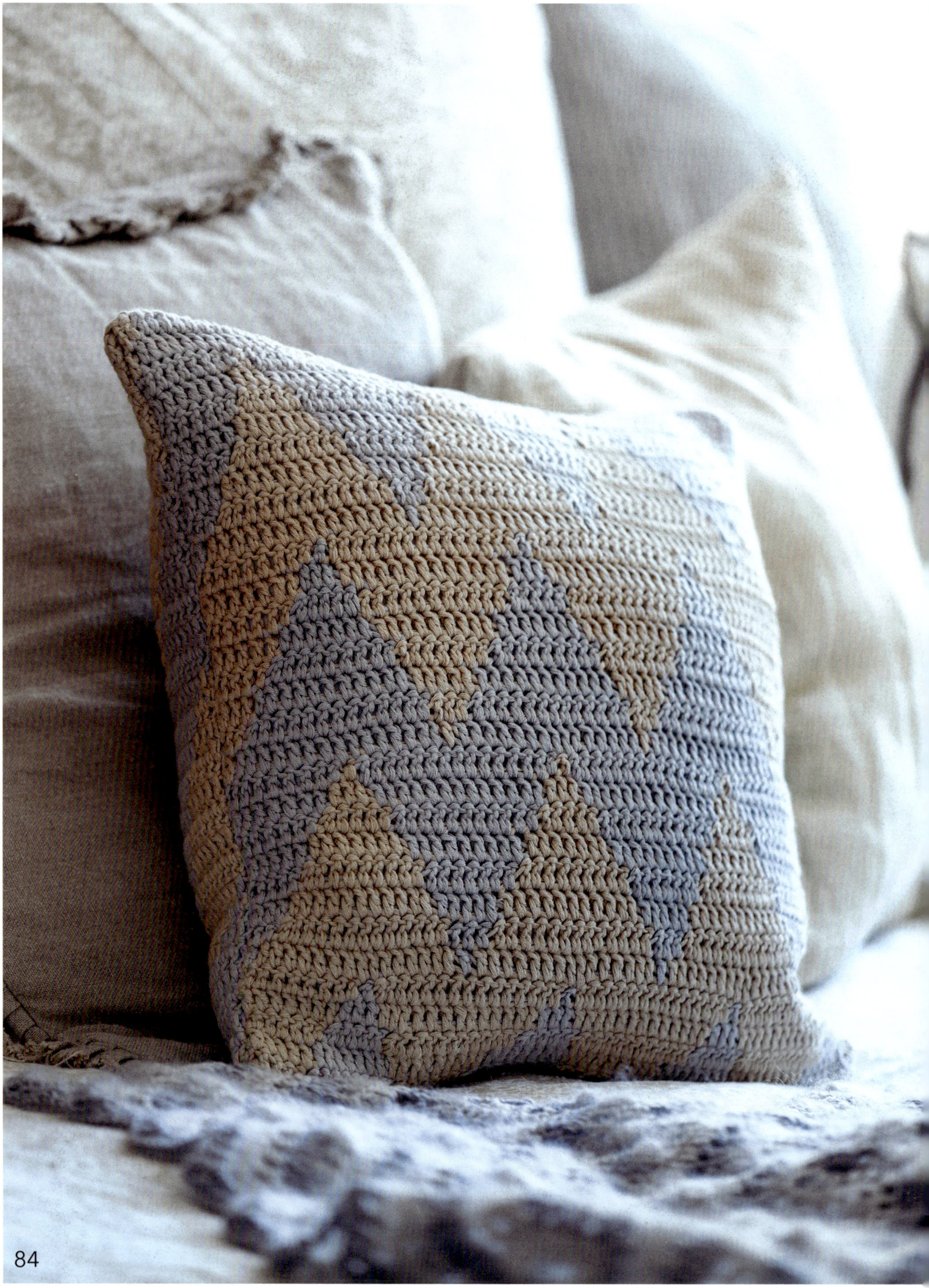

Kissen

Schwierigkeitsgrad: mittel

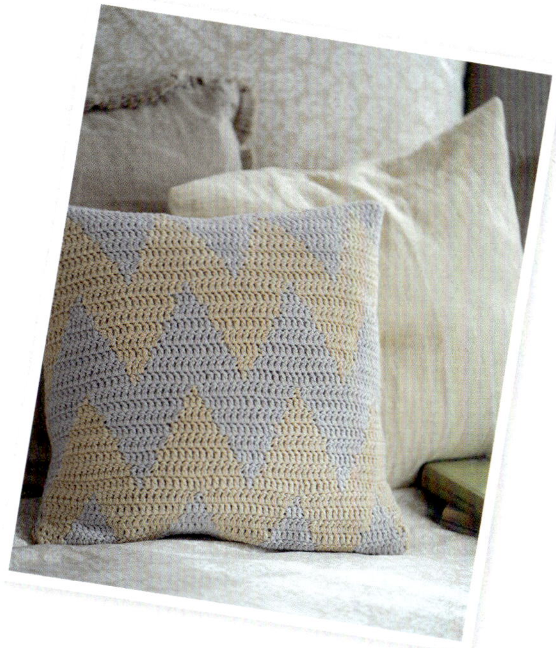

Das Jacquardmuster von Seite 36 zeigt sich hier in zarten Farbabstufungen. Der Clou bei diesem Muster ist, dass man es von beiden Seiten verwenden kann, also zum Beispiel mit einem dünneren Garn für eine Decke oder mit einem dickeren Garn für ein Sitzkissen. Probieren Sie es aus!

Größe:

37 cm x 37 cm

Hinweis: Kissenhüllen passen besser, wenn sie ca. 3 cm kleiner sind als die Kissenfüllung!

Material:

Lana Grossa Organico (100 % Bio Baumwolle, LL = 90 m/50 g), je 150 g Hellgrau (Fb 29) und Beige (Fb 100); Häkelnadel in 4 mm; Vernähnadel; Kissenfüllung 40 cm x 40 cm.

Muster:

Jacquardmuster:
Maschenzahl teilbar durch 16 + 18 M + 3 Wende Luftm.

Nach Häkelschrift arbeiten. Es sind Hin- und Rückreihen notiert. Die Maschen sind so bezeichnet, wie sie gearbeitet werden.

In den Hinreihen mit den M vor dem rechten Pfeil beginnen, den Rapport zwischen den Pfeilen stets wiederholen und mit den M nach dem linken Pfeil enden.
In den Rückreihen die M entsprechend von links nach rechts lesen.

Die 1.–16. Reihe stets wiederholen.

Hinweis: Den nicht in Arbeit befindlichen Faden mitführen und die Stäbchen um den mitgeführten Faden herum arbeiten. Somit sind keine Spannfäden sichtbar und das Muster kann von beiden Seiten verwendet werden.

Maschenprobe:

18 Maschen x 8 Reihen = 10 cm x 10 cm.

So wird's gemacht:

Das Kissen wird in einem Stück gehäkelt.

66 Luftm und 3 Wende-Luftm in Hellgrau anschlagen und gleich im Jacquardmuster häkeln.

Die 1.–16. R 3x arbeiten, dann 1x die 1.–12. R wiederholen = 74 cm Gesamthöhe. Dann die Arbeit beenden.

Fertigstellung:
Alle Fäden vernähen. Das Kissen gemäß Schnitt spannen, anfeuchten und trocknen lassen. Das Kissen zur Hälfte legen = * auf * und ° auf °, siehe Schnittzeichnung. Die Seitennähte schließen und die untere Naht beidseitig je 10 cm schließen. Kissenfüllung einlegen und restliche Naht schließen.

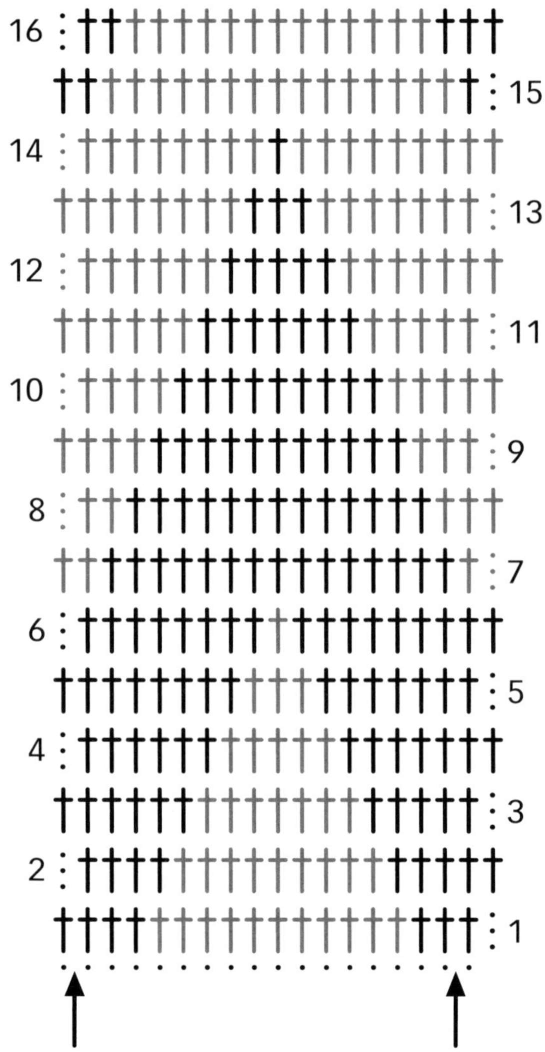

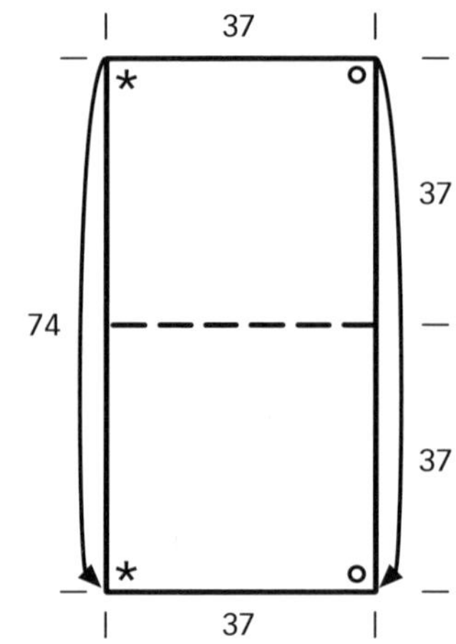

Zeichenerklärung

- · = 1 Luftmasche in Hellgrau
- · = 1 Luftmasche in Beige
- † = 1 Stäbchen in Hellgrau
- † = 1 Stäbchen in Beige

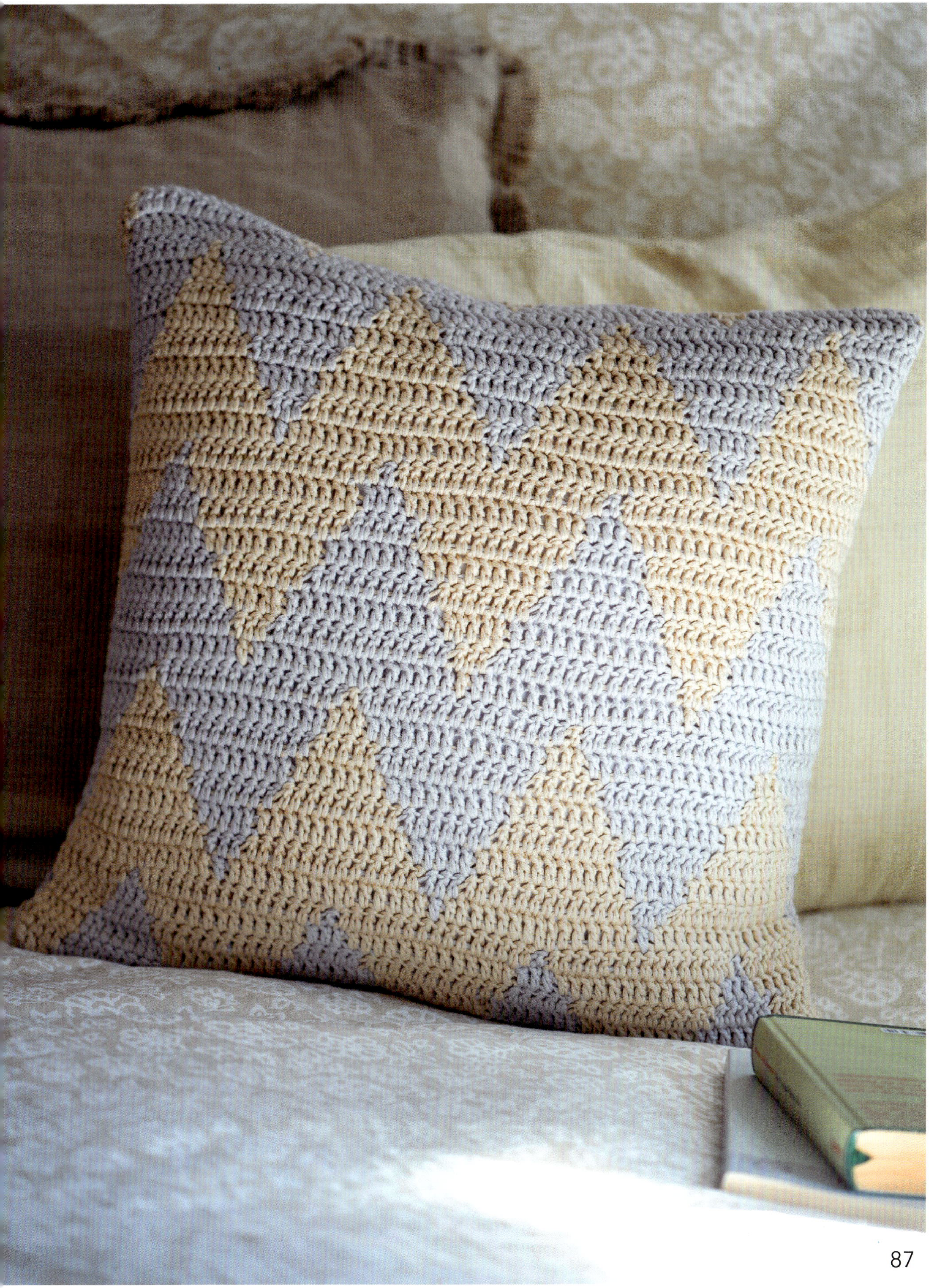

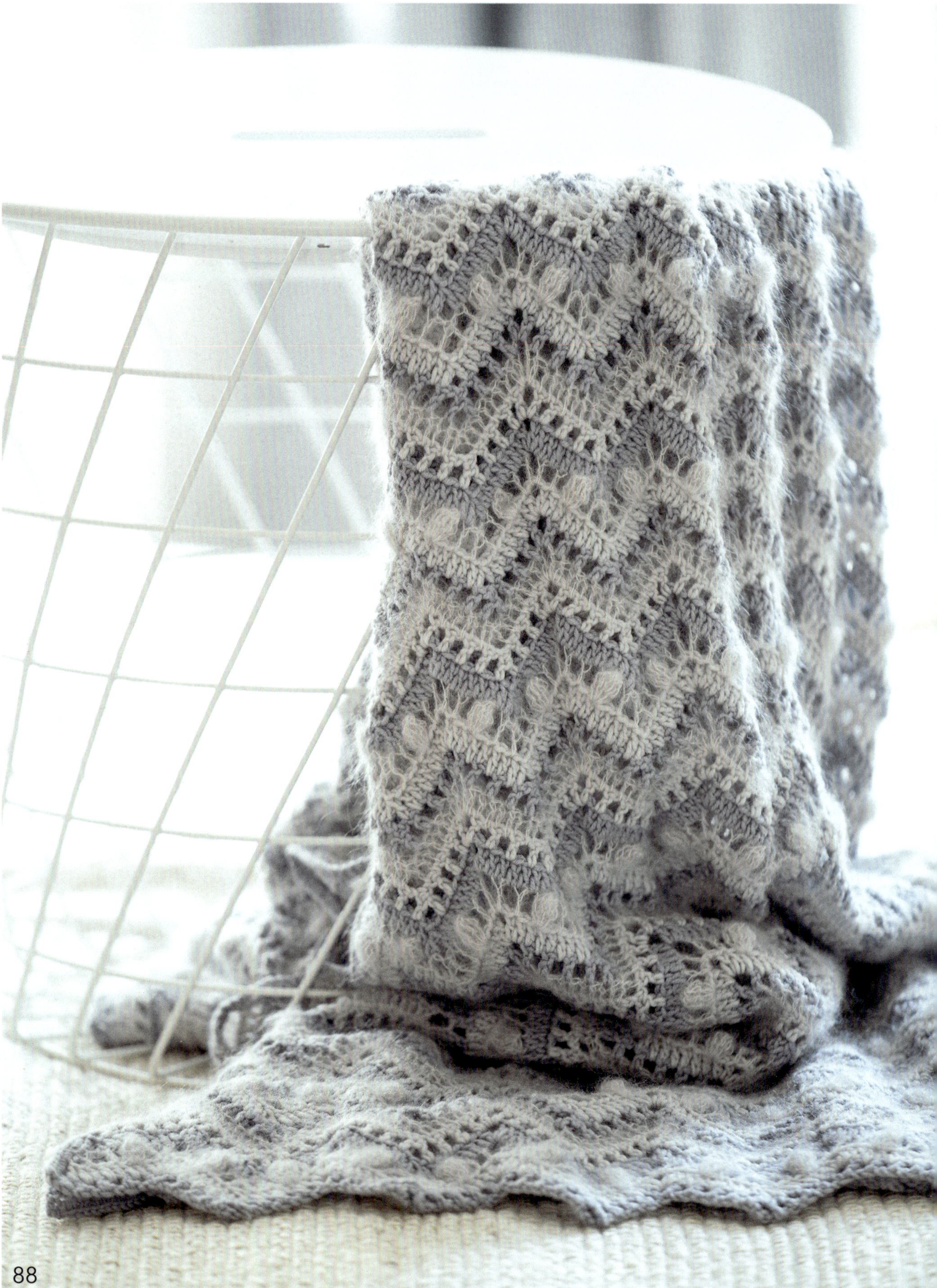

Decke

Schwierigkeitsgrad: mittel

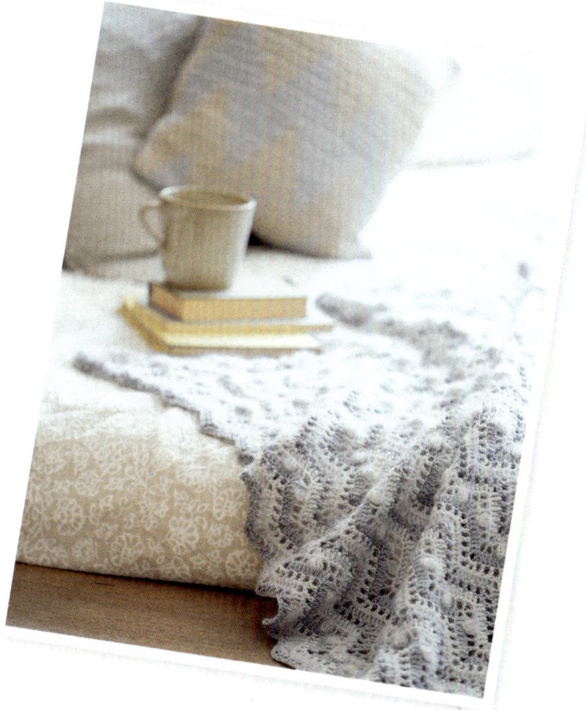

In diesem Traum von einer Decke glänzt das Chevronmuster mit Noppen von Seite 38 im edlen Garnmix. Trotz des durchbrochenen Musters ist die Decke kuschelig warm.

Größe:

110 cm x 150 cm

Material:

Lana Grossa Cool Wool (100 % Schurwolle, LL = 160 m/50 g): je 300 g Muschelgrau (Fb 2076) und Steingrau (Fb 589) und Lana Grossa Silkhair (70 % Mohair, 30 % Seide, LL = 210 m/ 25 g): 100 g Perlweiß (Fb 58); Häkelnadel in 4 mm; Vernähnadel.

Muster:

Chevronmuster mit Noppen:
Maschenzahl teilbar durch 20 + 21 M + 3 Wende-Luftm. Nach Häkelschrift arbeiten. Es sind Hin- und Rückreihen notiert. Die Maschen sind so bezeichnet, wie sie gearbeitet werden.

In den Hinreihen mit den M vor dem rechten Pfeil beginnen, den Rapport zwischen den Pfeilen stets wiederholen und mit den M nach dem linken Pfeil enden.
In den Rückreihen die M entsprechend von links nach rechts lesen.

Die 1.–7. Reihe 1x arbeiten, dann die 2.–7. Reihe stets wiederholen.

Farbfolge: * Je 1 Reihe in Steingrau, Muschelgrau und Silkhair Perlweiß; ab * stets wiederholen.

Maschenprobe:

27 Maschen x 7 Reihen = 10 cm x 10 cm.

So wird's gemacht:

Die Decke in einem Stück gerade hoch häkeln. Die nicht in Arbeit befindlichen Fäden werden an den Seitenrändern mitgeführt.

301 Luftm plus 3 Wende-Luftm in Cool Wool Steingrau anschlagen. Im Chevronmuster mit Noppen in der Farb- und Garnfolge häkeln. In ca. 150 cm Gesamthöhe mit der 7. R der Häkelschrift in Cool Wool Steingrau enden.

Fertigstellung:
Alle Fäden vernähen. Die Decke spannen, dabei die Zacken ausformen und feststecken. Die Decke anfeuchten und trocknen lassen. Die Seitenränder in Cool Wool Steingrau mit 1 R feste M behäkeln, dabei die seitlichen Spannfäden mit einhäkeln.

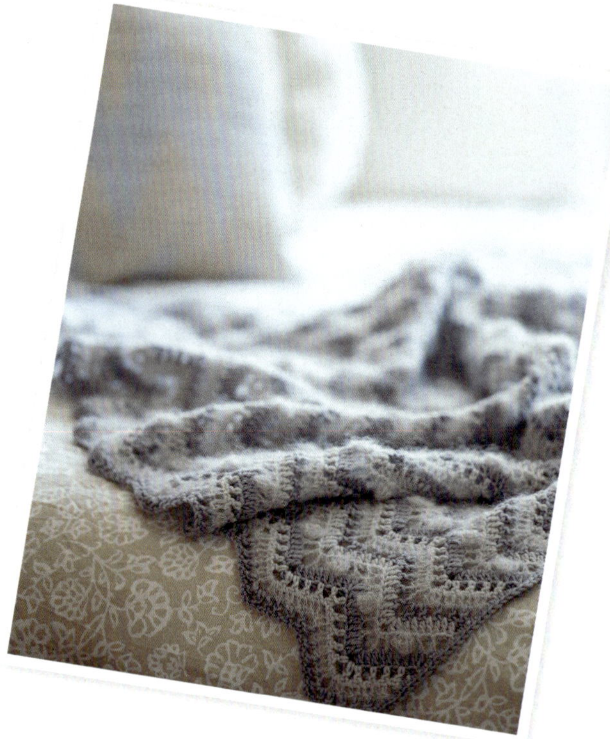

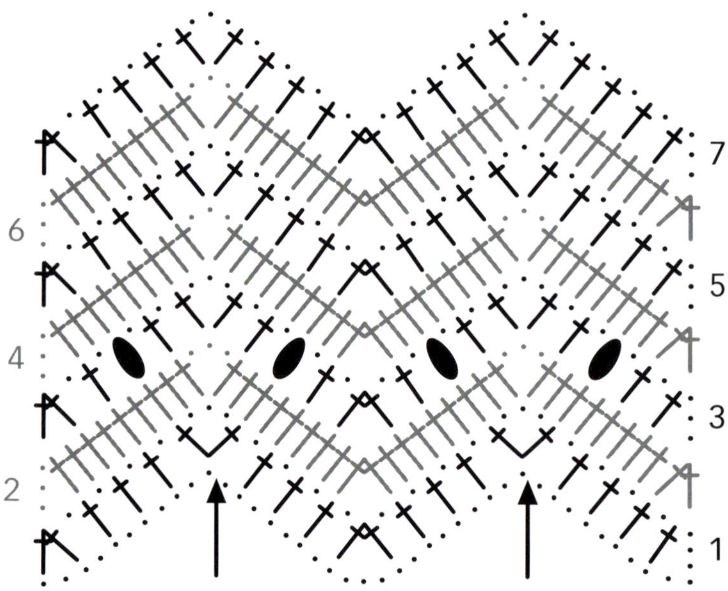

Zeichenerklärung

- · = 1 Luftmasche
- † = 1 Stäbchen
- (Symbol) = 2 zusammen abgemaschte Stäbchen
- ⬮ = 1 Noppe (= 5 zusammen abgemaschte Stäbchen in eine Einstichstelle)

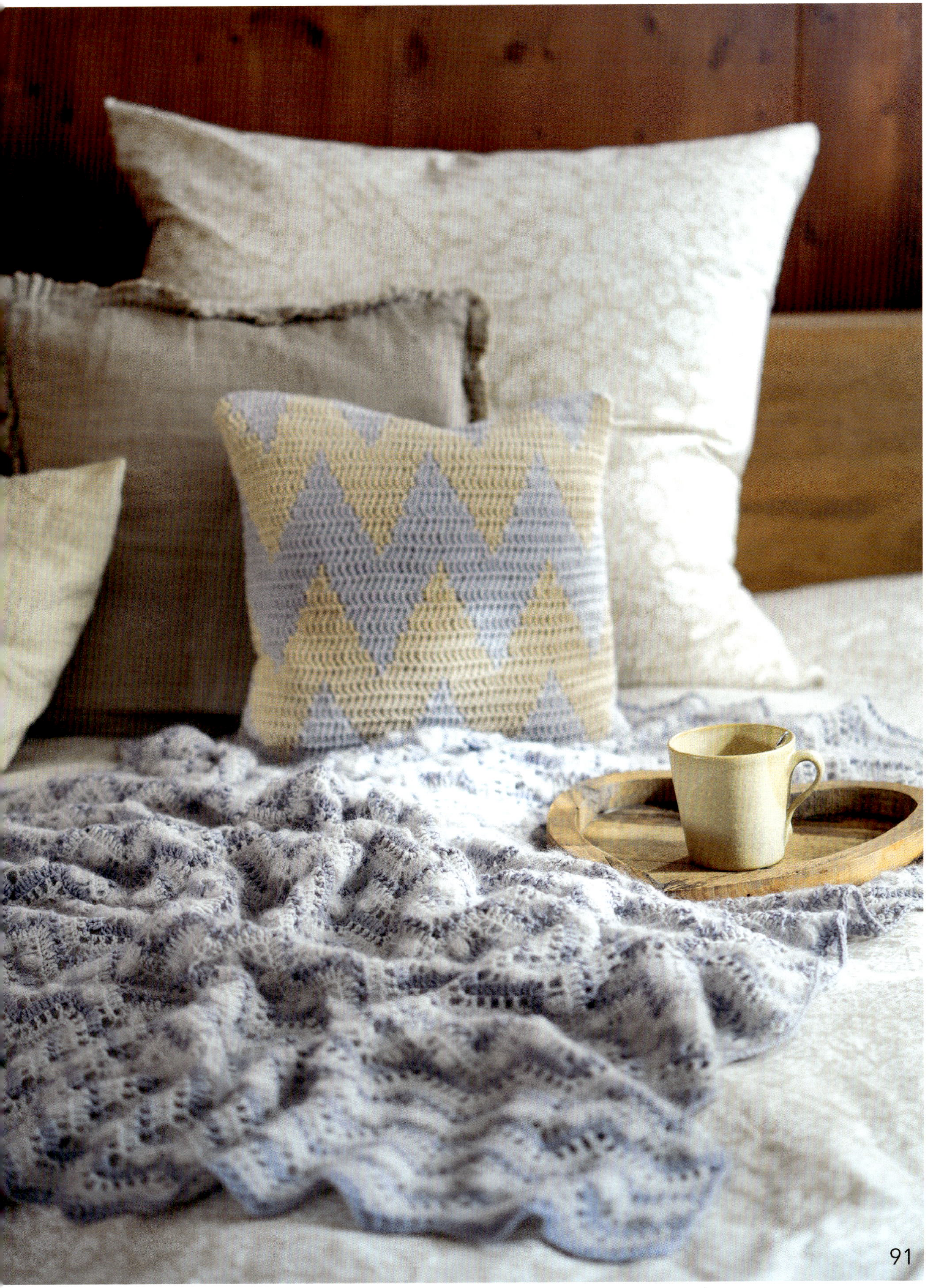

Impressum

Autorin: Sabine Ruf
Realisation: Helgrid van Impelen
Fotos: Anne Schulz
Lektorat & Produktmanagement:
Stephanie van der Linden
Korrektorat: Anna Maier
Häkelschriften & Schnitte: Sabine Schidelko
Umschlaggestaltung: Regina Degenkolbe
Layout: Silke Schüler
Repro: LUDWIG:media
Herstellung: Kathleen Baumann
Printed in Slovakia by Neografia

Herstellerverzeichnis:
Lana Grossa GmbH Ingoldstädter Str. 86, 85080 Gaimersheim, www.lanagrossa.de; Lang Yarns Mühlehofstr. 9, CH-6260 Reiden, oder Püllenweg 20, D-41352 Korschenbroich, www.langyarns.com; Prym Consumer Europe GmbH Zweifaller Str. 130, 52224 Stollberg, www.prym-consumer.com

★★★★★

Sind Sie mit diesem Titel zufrieden? Dann würden wir uns über Ihre Weiterempfehlung freuen.
Erzählen Sie es im Freundeskreis, berichten Sie Ihrem Buchhändler oder bewerten Sie bei Onlinekauf. Und wenn Sie Kritik, Korrekturen, Aktualisierungen haben, freuen wir uns über Ihre Nachricht an: Christophorus Verlag, Postfach 40 02 09, D-80702 München oder per E-Mail an lektorat@verlagshaus.de

DANKE!
Mein Dank geht vor allem an die Garnfirmen Lana Grossa und Lang Yarns, die mir ihre wunderschönen Garne zur Realisation der Modelle und Muster zur Verfügung gestellt haben und der Firma Prym für ihre Unterstützung mit Häkelnadeln. Gehäkelt wurden die Modelle von meinen treuen und fleißigen Häklerinnen, ohne die es nicht möglich gewesen wäre, dieses Buch zu machen. Außerdem danke ich der Fotografin Anne Schulz für Ihre stimmungsvollen Fotos, den Lektorinnen für ihr wachsames Auge, den graphischen Gestaltern und allen Mitarbeitern des Christian Verlags.

Die Deutsche Nationalbibliothek verzeichnet diese Publikation in der Deutschen Nationalbibliografie; detaillierte bibliografische Daten sind im Internet über http://dnb.de abrufbar.

Infanteriestraße 11a
D 80797 München

ISBN 978-3-8410-6687-9

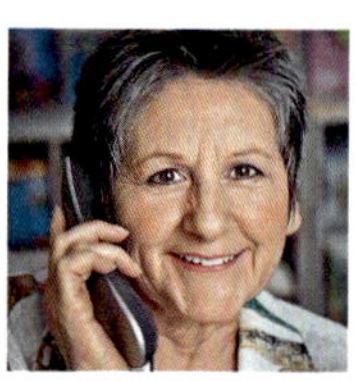

Kreativ-Service

Sie haben Fragen zu den Büchern und Materialien? Frau Erika Noll ist für Sie da und berät Sie rund um alle Kreativthemen. Rufen Sie an! Wir interessieren uns auch für Ihre eigenen Ideen und Anregungen. Sie erreichen Frau Noll per E-Mail: **kreativ-service@c-verlag.de** oder Tel.: **+ 49 (89) 1306 99 - 577.**

Besuchen Sie uns im Internet: **www.christophorus-verlag.de** & **selbstgemacht.de**

Ebenfalls erhältlich ...

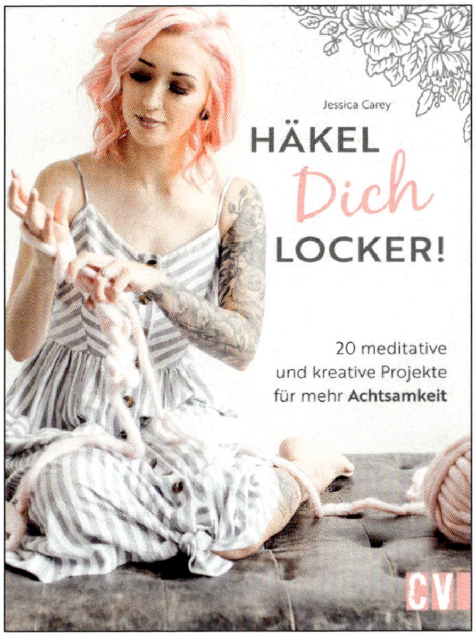

ISBN 978-3-8410-6624-4

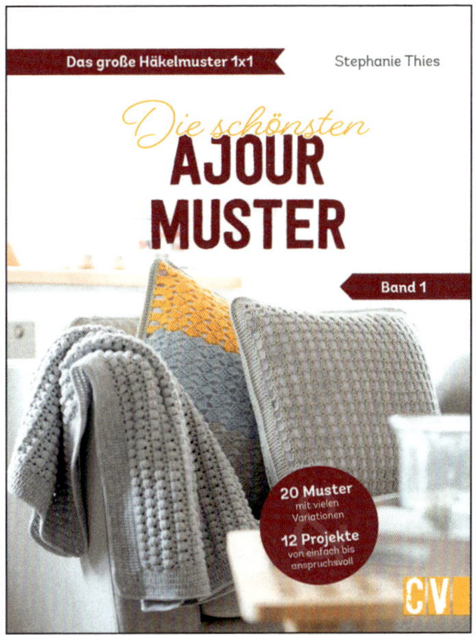

ISBN 978-3-8410-6686-2

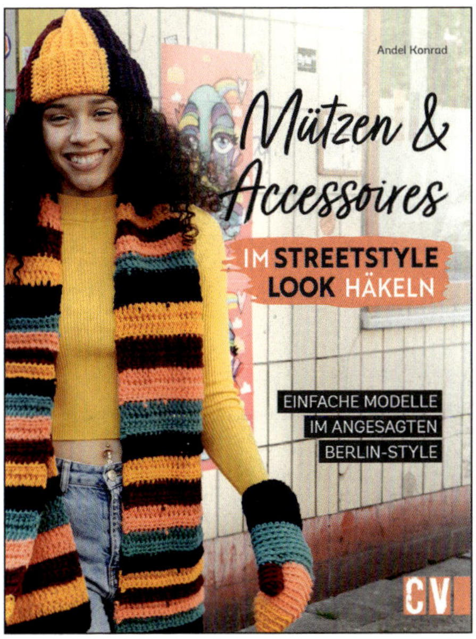

ISBN 978-3-8410-6665-7

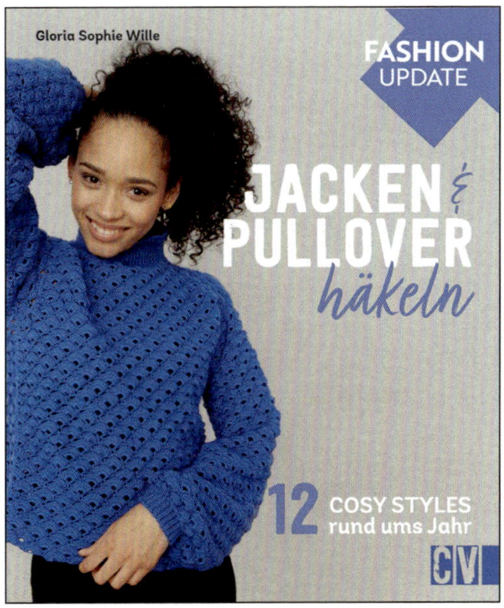

ISBN 978-3-8410-6658-9

CV

www.christophorus-verlag.de